Question Sociale

ROLE DES BOURSES DU TRAVAIL

Minimum du Taux des Salaires

PAR

M. Léon GUÉRIN

Avocat à la Cour d'Appel de Nimes

Adversus hostem æterna auctoritas esto.
Contre l'ennemi, la revendication est éternelle.
(Loi des Douze Tables).

PRIX : **UN FRANC**

Reproduction et Traduction interdites

NIMES
IMPRIMERIE MODERNE GUSTAVE GORY
6, Rue Notre-Dame, 6.

1904

SOLUTION

DE LA

Question Sociale

ROLE DES BOURSES DU TRAVAIL

Minimum du Taux des Salaires

PAR M. Léon GUÉRIN

Avocat à la Cour d'Appel de Nimes

NIMES
IMPRIMERIE MODERNE GUSTAVE GORY
6, Rue Notre-Dame, 6

1904

AVANT-PROPOS (1)

Adversus hostem æterna auctoritas esto.
Contre l'ennemi, la revendication est éternelle.
(Loi des Douze Tables).

« *Que vous importe, lecteur, ma chétive individualité ? Je suis, comme vous, d'un siècle où la raison ne se soumet qu'au fait et à la preuve ; mon nom, aussi bien que le vôtre, est* chercheur de vérité [*en grec* σκεπτικός *(skeptikos), examinateur, philosophe qui fait profession de chercher le vrai*] *; ma mission est écrite dans ces paroles de la loi :* Parle sans haine et sans crainte ; dis ce que tu sais. *L'œuvre de notre espèce est de bâtir le temple de la science, et cette science embrasse l'homme et la nature. Or, la vérité se révèle à tous, aujourd'hui à Newton et à Pascal, demain au pâtre dans la vallée, au compagnon dans l'atelier. Chacun apporte sa pierre à l'édifice, et, sa tâche faite, il disparaît. L'éternité nous précède, l'éternité nous suit : entre deux infinis, qu'est-ce que la place d'un mortel, pour que le siècle s'en informe ?*

Laissez-donc, lecteur, mon titre et mon caractère, et ne vous occupez que de mes raisons......... »

(1) Proudhon. Qu'est-ce que la Propriété ? Premier mémoire, chap. I, pages 14 in fine et 15, édition C. Marpon et E. Flammarion, 26, rue Racine, près l'Odéon, Paris.

CHAPITRE PREMIER

LE SOCIALISME CONSTITUE LA CROYANCE VIVACE DU MOMENT

Nous croyons tous au Socialisme. Nous y croyons avec intensité, avec zèle, avec ferveur. Personne au monde ne doute de son avenir prochain. Le Socialisme constitue la croyance vivace du moment. La question sociale est à l'ordre du jour. Tout le monde en parle, s'en occupe, s'en inquiète, par conséquent y pense. Même ceux qui, du bout des lèvres, soutiennent que la question sociale n'existe pas, même ceux-là croient à son existence. Ils dissimulent alors, de la sorte, le fond de leur pensée, qu'ils n'osent avouer. Car, dans leur for intérieur, ils redoutent la solution d'une aussi délicate, d'une aussi épineuse question que la question sociale ! Ils en appréhendent jusqu'au plus léger, jusqu'au plus superficiel effleurement !! Donc ils pensent au Socialisme. Ils y pensent malgré eux peut-être, malgré eux probablement, malgré eux certainement ; mais ils y pensent tout de même.

Ils y pensent puisqu'ils en ont peur !

***

Si ces dénégateurs purement verbaux du Socialisme réfléchissaient un instant, ils banniraient de leur esprit tout sentiment de crainte déprimante à l'égard du Socialisme. Ils n'auraient pour cela qu'à surveiller leur égoïsme, ce sentiment naturellement humain. Grâce à une volonté énergique, dirigée par le sentiment ainsi que par l'idée de la justice, ils arriveraient, au moins dans une certaine mesure, à maîtriser leur égoïsme personnel. Ils l'endigueraient et l'amenderaient. Sans doute, il ne faut pas compter qu'ils iraient jusqu'à l'abdiquer complètement ; on ne peut pas demander l'impossible. Or, il serait malheureusement impossible de supprimer de son cœur jusqu'à la plus petite parcelle d'égoïsme, car l'on s'exposerait à jouer le rôle de dupe. Mais du moins l'on pourrait arriver à concilier son égoïsme propre avec les égoïsmes rivaux. Il n'y aurait pour cela qu'à reconnaître en toute loyauté la légitimité des autres égoïsmes. Comme de raison, ce serait à charge par ceux-ci d'en agir de même, par voie de réciprocité. La justice, après tout, n'est pas autre chose qu'une intention ferme et constante de ne jamais vouloir asservir à son propre égoïsme, individuel ou collectif, les autres égoïsmes, individuels ou collectifs.

La peur du Socialisme se trouvant dès lors chassée des esprits justes, ceux-ci ne tarderont pas à se rendre compte que la paix sociale dépend du triomphe du Socialisme.

***

Nous croyons tous au Socialisme. Mais, entendons-nous, cela ne signifie nullement que tout le monde soit socialiste, c'est-à-dire partisan de la solution du problème social, tel du moins qu'il est posé par les revendications actuelles des classes ouvrières. Assuémrent, les esprits timorés, auxquels nous venosu de faire allusion, sont nettement antisocialistes. N'importe, eux aussi croient au Socialisme, à leur façon il est vrai ; mais ils y croient tout de même.

***

Nous croyons tous au Socialisme : cela signifie que le Socialisme n'est pas un vain mot. Il représente une foi. Il constitue la croyance vivace du moment. Il représente une croyance indestructible. Chose curieuse, cette croyance existe indifféremment chez tous les hommes, chez tous les peuples, dans tous les esprits. Quelle que soit la race ou l'éducation, il n'importe !! Qu'il s'agisse de cerveaux latins ou de cerveaux anglo-saxons, pour mentionner la classification du docteur Gustave Le Bon, dans son ouvrage : *La Psychologie du Socialisme.*

***

Le Socialisme s'impose, car il représente les aspirations de l'esprit humain vers un idéal de Justice. Or, se demandera-t-on, quel est l'homme assez méchant, assez pervers, assez criminel, pourrions-nous dire, pour empêcher l'avènement de la Justice ? Quel est le tyran autoritaire et despotique au point de nous interdire la recherche d'un idéal de Justice ??

***

Il n'y a donc pas de sceptiques en Socialisme. Des adversaires, peut-être, provisoirement du moins ! Mais des sceptiques, pas un seul !! et maintenant, moins encore que jamais !!! Car, si le Socialisme rencontrait sur sa route des sceptiques, il cesserait d'être une foi. Il ne constituerait plus la croyance vivace du moment.

C'est, en effet, le propre d'une croyance vivace d'avoir à ramener à elle par la persuasion des adversaires fougueux et passionnés. Mais, du moins, elle se trouve toujours à l'abri des railleries, des sarcasmes et des quolibets des sceptiques et critiques froids et décourageants.

***

Il est à remarquer que, dans une croyance quelconque, les adversairee, eux aussi, croient à l'objet de la croyance qu'ils combattent. Ils y ajoutent foi, tout comme les séïdes. Ils y croient également, mais non pareillement. En d'autres termes, leur ferveur est égale en intensité, mais elle se trouve dirigée en sens opposé.

Toutes les fois qu'une croyance s'affaiblit et meurt, c'est qu'elle a rencontré sur sa route des sceptiques qui l'ont tuée. Ces microbes pathogènes que sont les sceptiques nient catégoriquement, sans s'emporter comme le font les adversaires, la réalité, la possibilité, la simple vraisemblance même du dogme proposé. Ils rient sardoniquement de son efficacité, à laquelle par conséquent ils se refusent à croire.

Les adversaires, eux, s'entendent avec les partisans pour croire à l'efficacité de la croyance vivace. Seulement ils la jugent et la déclarent mauvaise, malfaisante, nocive et pernicieuse. Au contraire, les partisans considèrent la même efficacité comme bonne, bienfaisante, utile et salutaire. Les uns comme les autres affirment l'existence réelle de l'efficacité,

Les sceptiques en nient l'existence réelle, et du coup tuent la croyance.

***

Les adversaires d'une croyance l'entretiennent au même titre que ses partisans. Quelquefois, ils l'épurent par le contraste de leur idéal contraire, et de la sorte contribuent à la transformer en vérité scientifique ou philosophique. D'où la conclusion qu'une croyance a quelque fois autant besoin d'adversaires que de partisans ; mais elle a continuellement à craindre les sceptiques.

L'idéal entrevu à travers le prisme de la foi et de l'imagination exerce un charme attractif sur les partisans de la croyance, répulsif sur ses adversaires ; mais fascinateur sur tous, au même degré !

CHAPITRE II

ETAT DES ESPRITS EN FACE DU SOCIALISME

Les lignes qui précèdent nous montrent, au moyen d'une esquisse sommaire, les différents états possibles des esprits en présence d'une croyance quelconque.

Examinons maintenant l'état des esprits en face du Socialisme, qui, ainsi que nous l'avons dit et ne saurions assez le répéter, constitue la croyance vivace du moment.

Les uns, les déshérités du sort, aspirent à l'avènement prochain du Socialisme. Ils espèrent en lui, désirent ardemment son triomphe ; par conséquent ils l'aiment. Ce sont tous ceux auxquels la tempérance, la sobriété, les vertus domestiques en un mot, ne seraient d'aucune utilité pour améliorer leur situation sociale.

Les autres, les repus orgueilleux, redoutent l'approche du Socialisme, craignent tout de lui, souhaitent son échec prompt et définitif. Par conséquent, ils le haïssent. Non seulement ils le haïssent, mais encore ils en ont peur. Or, l'on n'a jamais peur des choses de l'existence desquelles on doute, car douter d'une chose, c'est en suspecter la possibilité.

***

La peur, ainsi que la définit M. Ribot dans son ouvrage ; la *Psychologie des Sentiments*, c'est « la réaction émotionnelle causée par la représentation vive et persistante d'une douleur ou d'un mal possible. » (1). Il résulte de cette définition que le peureux se représente d'une manière aussi persistante que vive la possibilité, l'éventualité, l'approche de l'objet de sa peur : la douleur ou le mal dont la pensée, dont l'image l'obsède. Or, se représenter une chose comme possible, ce n'est pas en douter, c'est y croire. Le doute est la non-croyance, l'absence de tout jugement résolu, affirmatif ou négatif. Il coustitue, pour ainsi dire, une véritable hésitation de l'intelligence, arrêtée dans sa marche par le pouvoir inhibiteur de la volonté.

***

D'autre part, l'on n'a jamais peur de ce qu'on connait parfaitement ou de ce qu'on cherche à connaître. Car l'acte de chercher à connaître ce que l'on ignore prouve que l'on a conscience de son ignorance, et qu'on est animé de l'intention d'en sortir. Chercher à connaître ce que l'on ignore, c'est déjà entrevoir vaguement une vérité qu'on cherche à acquérir. La haine et la peur sont les conséquences de l'ignorance crasse, c'est-à-dire de l'ignorance inconsciente, de l'ignorance s'ignorant elle-même, de l'ignorance entêtée, vaniteuse, présomptueuse et orgueilleuse, s'illusionnant elle-même et ne cherchant nullement à s'éclairer : l'ignorance en résumé paraissant se complaire dans son état d'ignorance, et, pour ainsi dire, se souriant à elle-même dans son miroir.

(1) Ribot, Psychologie des Sentiments, IIe partie, chapitre 2, la Peur, page 215, édition Félix Alcan, Paris 1903.

« Pour cesser de haïr, il m'a suffi de connaître », écrivait Proudhon dans la préface de son ouvrage : Qu'est-ce que la Propriété ? (1)

De son côté, M. Ribot s'exprime ainsi à propos de la peur, dans sa « Psychologie des Sentiments : « L'igno« rance est une grande source de terreur », et Bain n'a pas dit sans raison : « que le grand remède « contre la peur, c'est la science. » (2)

***

Concluons de là que, s'ils arrivaient à connaître à fond l'Idéal socialiste, les adversaires du Socialisme cesseraient du même coup de le haïr et de le redouter. Bien plus, nouveaux Sicambres adoucis, ils s'empresseraient d'adorer ce que la veille encore ils brûlaient et anathématisaient. Car l'Idéal socialiste consiste dans le règne de la Justice sur la terre. Et le règne de la Justice amènera d'emblée la paix sociale, dont nous avons tous tellement besoin.

---

(1) Proudhon, « Qu'est-ce que la Propriété ? » Préface, page 5, édition C. Marpon, E. Flammarion, 26, rue Racine, près l'Odéon, Paris.

(2) Ribot, Ibidem, page 218.

CHAPITRE III

LES ÉCONOMISTES D'AUJOURD'HUI NE SONT QUE LES REPRÉSENTANTS INCOMPLETS DE LA PENSÉE SOCIOLOGIQUE. — L'ÉCONOMIE POLITIQUE APPARAIT ENCORE, JUSQU'A NOUVEL ORDRE, COMME UNE SCIENCE A L'ÉTAT EMBRYONNAIRE.

Les adversaires du Socialisme ne se résoudront pas, de gaieté de cœur, à l'adoration subite de ce qu'ils brûlaient encore la veille. Ils commenceront par se retrancher derrière l'économie politique et ses prétendues lois. Ils la préconiseront outre mesure, la considérant comme une science achevée. Ils ignorent que ce n'est encore qu'un amas informe de règles de conduite, parfois contradictoires entre elles, un recueil d'observations superficielles, pompeusement décorées des appellations de lois économiques, de nécessités économiques.

***

En réalité, ces prétendues lois économiques ne sont pas autre chose que le résultat d'une induction trop rapide. Bien que paraissant dirigée suivant toutes les règles de la logique formelle, l'induction sur laquelle s'appuient les économistes est souvent exposée à se trouver brusquement démentie par des considérations sociologiques d'un ordre plus général.

C'est ce que nous allons voir du reste, entr'autres choses, en nous occupant de déterminer le minimum du taux des salaires.

***

L'absence de solidité des prétendues lois économiques décèle l'ignorance des économistes en matière de psychologie et de sociologie. Certainement, les économistes ont fait preuve d'un mérite réel et incontestable à leur début, c'est-à-dire à la fin du XVIIIe siècle. Alors, connus sous le nom de physiocrates, ils s'élevaient contre les abus du mercantilisme, provenant du culte exagéré de l'or. Ils préconisaient l'agriculture, et, d'une façon générale, les seules industries agricole et extractive, auxquelles seules ils décernaient l'épithète de productives. On peut affirmer qu'ils ont ouvert la voie au Socialisme, en véritables et courageux pionniers. Ils ont même eu à lutter contre des adversaires encore plus récalcitrants qu'eux ne le sont aujourd'hui vis-à-vis des socialistes.

Mais actuellement, leur gloire s'est éclipsée, leur rôle a changé ; ce ne sont plus que des demi-savants, d'incomplets représentants de la pensée sociologique. Les économistes n'étaient déjà plus dans le mouvement à l'époque de Prudhon. Il est donc facile de comprendre que maintenant, grâce à l'encyclopédie sociologique des Auguste Comte et des Spencer, ces Messieurs sont de nouveau dans le mouvement ; mais, entendons-nous bien, dans le mouvement régressif.

***

Quel que soit le traité d'économie politique qu'on ait lu, depuis l'école classique jusqu'à l'école socialisante, on remarquera le même oubli, la même lacune, et j'ajouterai, la même partialité.

En effet, tous les écrivains d'économie politique mentionnent plus ou moins le maximum du taux des salaires ; ils paraissent se concerter pour limiter les prétentions des ouvriers salariés, et de ceux-là seulement. Aucun économiste ne parle du minimum du taux des salaires, dont nous allons nous occuper d'une façon toute particulière. Ou, si quelquefois les économistes se hasardent à effleurer la question du minimum du taux des salaires, ils feraient mieux de la passer complètement sous silence. Car ils basent ce minimum sur le strict nécessaire pour ne pas mourir de faim, et pour entretenir une famille de prolétaires destinée à se propager perpétuellement. Les classes pauvres, nul ne l'ignore, et les économistes moins que personne, sont de beaucoup plus prolifiques que les classes aisées, riches ou opulentes. Du reste, l'étymologie du terme de prolétaire, du latin *proles* (race lignée) prostérité, atteste la parfaite véracité de cette assertion : assertion contrôlée du reste par les naturalistes, plus généralisateurs que les sociologues, lesquels le sont plus que les économistes.

Jusqu'à présent, les économistes paraissent dédaigneux des classes ouvrières : preuve qu'ils ne sont, ainsi que nous avons eu déjà l'occasion de le signaler, que les incomplets représentants de la pensée sociologique. Leurs recherches portent beaucoup plus sur le principe de l'utile que sur celui du juste.

CHAPITRE IV

LES SOCIALISTES THÉORICIENS NE SONT, EUX AUSSI, QUE LES REPRÉSENTANTS INCOMPLETS DE LA PENSÉE SOCIOLOGIQUE. — LEUR FUSION AVEC LES ÉCONOMISTES FERA PASSER L'ÉCONOMIE POLITIQUE DE L'ÉTAT EMBRYONNAIRE A L'ÉTAT FOETAL, EN ATTENDANT SA NAISSANCE SOUS LE NOM DE *Ploutologie* OU SCIENCE DE LA RICHESSE.

Du moment que les économistes ne représentent qu'incomplètement la pensée sociologique, il va sans dire que leurs théories ont besoin d'être complétées. Car en toutes choses l'incomplet aspire au complet, et pour atteindre ce but, il faut qu'il s'adjoigne un autre incomplet inverse.

***

Les Socialistes sont précisément l'incomplet inverse. Eux aussi ne représentent qu'insuffisamment la pensée sociologique. Séduits par la contemplation d'une justice intégrale, ils perdent de vue la nature exacte de l'homme : nature complexe, plus égotiste souvent qu'égoïste au sens propre du mot. L'égotisme, sentiment égo-altruiste, est une espèce d'égoïsme mitigé ; c'est la préférence, souvent exagérée, même parfois démesurée, de soi-même sur les autres : source continuelle de fréquentes injustices. Les Socialistes purement théoriciens n'aperçoivent point encore ce vice du cœur humain. Ils le connaîtront, dès qu'ils se seront assimilés, par une lecture attentive, les idées émises par M. Ribot dans un chapitre de son ouvrage sur la *Psychologie des Sentiments*, chapitre intitulé : Le « Moi » et ses manifestations affectives.

***

Puisque les Economistes et les Socialistes ne représentent, pris isolément, qu'un côté de la vérité sociologique, leur rapprochement aura une portée considérable. Cet heureux rapprochement ne pourra s'effectuer que le jour où les Socialistes auront, non pas perdu leurs illusions, mais du moins modifié leur caractère de rêveurs et, ainsi que les dépeint Proudhon, « d'esprits contemplatifs, trop amoureux de leurs rêveries, pour approfondir la pratique. » (1) Ce jour-là, la science économique sera définitivement fondée. On pourrait l'appeler la *ploutologie* ou science de la richesse.

Alors les Socialistes se trouveront complétement transformés et pourront agir avec efficacité.

Ils ne ressembleront plus à ces combinateurs stériles ou à ces découragés qui, sous l'influence d'une suggestion quelconque, ne visent qu'à la sotte destruction, non suivie d'une vraie réédification, faciles chambardeurs sans aucun but logique. Bien loin de là, ils deviendront des volontés courageuses, fermes et énergiques autant que réfléchies.

(1) Proudhon, Contradictions économiques, Tome 1er, chapitre 1er de la Science économique, § 1er, page 36, édition Ernest Flammarion, 26, rue Racine près l'Odéon, Paris.

*
* *

Ainsi transformés, les Socialistes arriveront à concilier d'une manière harmonieuse les deux principes de l'utile et du juste. Ces deux principes, je m'empresse de l'indiquer, peuvent à première vue sembler différents ; en réalité, ils ne sont nullement antagonistes. Bien plus, ils sont appelés à se corroborer mutuellement.

*
* *

Jusqu'à présent, avons-nous dit, les économistes se montrent dédaigneux du sort des humbles travailleurs, des ouvriers salariés. Aussi ne prêtent-ils guère leur attention à la recherche d'un principe déterminatif du minimum du taux des salaires, ainsi qu'au rôle que les Bourses du Travail auraient à jouer.

S'érigeant en appréciateurs infaillibles, ils indiquent, d'une façon catégoriquement affirmative, mais souvent inexacte, les éléments du profit. Le terme de profit sert à désigner le bénéfice de l'entrepreneur, du patron. C'est même sur le minimum du taux du profit que les écrivains économiques, toujours embourgeoisés, se fondent pour arrêter le maximum du taux des salaires. Quant au minimum de ce taux, ils se gardent bien d'en parler. En bonne justice, nous aurons à rectifier leur mode de calculer.

D'ores et déjà, il est permis de penser et d'affirmer que les économistes sont en grande partie cause, par l'insuffisance de leurs théories, du malentendu actuel entre les patrons et les ouvriers : malentendu qui va s'aggravant de plus en plus chaque jour.

Un exemple, entr'autres, pour montrer la partialité bourgeoise des économistes. Lisez n'importe quel traité d'Economie politique, et vous verrez une distinction arbitraire entre le salaire nominal ou salaire en argent et le salaire réel. Par salaire réel, les économistes entendent la quantité d'objets que l'ouvrier peut se procurer avec la rémunération qui lui est allouée. Ils lui fixent d'avance ses dépenses, et de la sorte gênent d'autant sa liberté.

« Ce qui importe à l'ouvrier, écrit M. Leroy-Baulieu, dans son *Précis d'Enseignement politique*, c'est le salaire réel ; l'argent, en effet, peut varier de pouvoir d'achat, et il n'a, pour l'ouvrier, de valeur qu'en tant qu'il lui permet de se procurer des marchandises. Depuis un siècle, les salaires dans le vieux monde ont haussé, aussi bien les salaires réels que les salaires nominaux ; mais ceux-ci se sont peut-être un peu plus élevés que ceux-là (1). »

Remarquez qu'à propos des dividendes à répartir entre les actionnaires des Grandes Compagnies, il n'est venu à l'idée d'aucun écrivain économique d'établir une distinction entre le dividende nominal et le dividende réel.

(1) Leroy-Beaulieu. « Précis d'Economie politique », deuxième partie, chapitre VI, page 175, édition Ch. Delagrave, 15, rue Soufflot, Paris.

CHAPITRE V

LES ÉCONOMISTES ACTUELS SONT EN OUTRE LES COURTISANS DE LA BOURGEOISIE RÉGNANTE. — RÔLE NÉFASTE DES CHARLATANS DU SOCIALISME. — QUELQUES MOTS SUR LES GRÈVES.

Ainsi qu'il ressort clairement des lignes précédentes, MM. les Economistes ont deux poids et deux mesures. Décidément, ce ne sont plus de simples demi-savants, incomplets représentants de la pensée sociologique. Ils revêtent encore un autre caractère ; ils se montrent en outre les courtisans de la bourgeoisie régnante, sans s'en douter peut-être.

***

Il devient dès lors aisé de comprendre que leurs mauvaises explications allument le feu des grèves, feu qui d'ailleurs se trouve continuellement entretenu par les agitateurs ambitieux. De tels allumeurs d'incendie, bourgeois dans l'âme, ne sont que les charlatans du Socialisme. Et au fond même, — il est permis de le supposer, — ils n'en ont jamais été que des adversaires dissimulés. Nous en établirons tout à l'heure la raison. Inutile d'ajouter, car tout le monde m'a compris, qu'il s'agit ici des politiciens s'affublant de l'épithète de socialistes : épithète, je m'empresse de le signaler, éminemment sympathique aux masses,

Ce qui prouve, ainsi que j'ai déjà eu l'occasion de l'affirmer à maintes reprises, mais sans encore l'avoir démontré, que le Socialisme constitue la croyance vivace du moment.

***

Toutes ces malencontreuses grèves, dès qu'elles sévissent sur une contrée, sont comparables à une maladie à la fois épidémique et contagieuse. Elles arrêtent soudain l'essor de l'industrie. Du même coup, elles plongent dans la misère des familles entières d'ouvriers, et augmentent considérablement le nombre des faillites.

Et pendant ce temps là, les charlatans du Socialisme font ripaille. De la question sociale ils n'ont cure. La connaissent ils seulement ? Ils exploitent, sans conviction aucune, cette grande idée.

Bien plus, je crois même que, dans leur for intérieur, ils seraient mécontents de l'avènement et du triomphe du Socialisme, car ils ne pourraient plus se servir de ce mot magique comme tremplin électoral. Avec leur esprit ingénieux, ils chercheront et trouveront sans peine un autre appât pour amorcer les foules, qui seront éternellement, ainsi du reste qu'elles l'ont toujours été, d'incurables crédules.

A propos des grèves, nous aurons à en reparler en temps et lieu d'une manière plus détaillée. Du reste, l'étude complète des grèves exige leur comparaison minutieuse avec les loc kouts ou grèves des patrons.

CHAPITRE VI

LE PROBLÈME SOCIAL DOIT ÊTRE ÉTUDIÉ AVEC LA PLUS SCRUPULEUSE LOYAUTÉ. — DISTINCTION ENTRE LA VRAIE ET LA FAUSSE HONNÊTETÉ. — EXAMEN DE DIVERSES CATÉGORIES D'ÊTRES NUISIBLES A ÉLIMINER DU BANQUET SOCIALISTE.

L'enthousiasme, nul n'en doute, engendre des merveilles et des prodiges. Néanmoins, il est prudent de se défier des écarts auxquels l'imagination pourrait nous entraîner malgré nous. Nous ne devons jamais perdre de vue qu'une imagination déréglée risquerait fort de nous égarer dans le domaine de l'irréalisable, en détournant notre attention du côté sérieux et pratique des choses. Séduits par l'illusion et la rêverie, nous n'apercevrions plus le danger, l'écueil, le précipice à éviter.

***

Certainement, je l'ai dit, je le redis et le maintiens avec la même conviction, l'avènement du Socialisme est la condition nécessaire de la paix sociale. Mais je m'empresse d'ajouter qu'il n'en constitue point la condition suffisante. Il faut donc encore autre chose pour amener cette fameuse paix sociale, à laquelle nous aspirons vivement, et dont nous avons tous, — personne ne me contredira, — un besoin impérieux, une soif ardente. Dans tous les cas, il importe au plus haut point que la bonne foi, l'honnêteté, la probité, la loyauté, président à toutes nos recherches. La véritable honnêteté consiste à haïr autant l'hypocrisie que la turpitude. La fausse honnêteté consiste : ou bien, sous le masque trompeur de l'hypocrisie, à vilipender la turpitude surtout scandaleuse, ou, d'une autre manière, à prétexter la haine de l'hypocrisie pour soutenir le vice et ridiculiser la vertu.

***

Partant de cette considération qui doit nous servir de méthode, il y a lieu, tout d'abord, de se livrer à un travail préparatoire et purificateur : véritable nettoyage des écuries d'Augias.

Remarquons qu'il y a des individus n'ayant nullement le droit d'invoquer le Socialisme ni de se plaindre de la Société, si mauvaise et si corrompue qu'elle soit. Ce serait au contraire celle-ci qui aurait exclusivement le droit de se plaindre d'eux et de les rejeter de son sein : microbes pathogènes en train de tuer l'organisme social.

***

Je regrette de ne point me trouver ici en parfaite communion d'idées avec la plupart des écrivains socialistes. Ces autres représentants incomplets de la pensée sociologique répètent en chœur, sur tous les tons et avec la plus communicative véhémence, que l'homme ne serait jamais devenu méchant ni criminel, si le milieu social ne l'avait rendu tel. Par conséquent, d'après eux, il s'agirait de refondre la Société de fond en comble. Ces utopistes ne se doutent pas qu'ils obéissent à la suggestion de J.-J. Rousseau. Ils reproduisent et rééditent sous une autre forme l'aphorisme du philosophe genevois : « L'homme naît bon, la Société le déprave. » Vouloir refondre la société, sans connaître un mot de la sociologie, laquelle nécessite la connaissance de la biologie, et, d'une manière plus générale, de la physique ainsi que de toutes les sciences naturelles et expérimentales, quelle utopie ! Comme si les sociétés, du jour au lendemain, se refondaient magiquement par une loi juridique, par un décret, par l'œuvre d'un ou même de plusieurs hommes!!

*
* *

Sans nul doute, l'opinion que la Société a perverti et qu'encore de nos jours elle pervertit beaucoup d'individus naturellement tous dans le principe, se trouve très souvent fondée. Mais pourtant,dans certains cas, l'assertion de Rousseau se voit complètement démentie par les faits. Certainement, nous nous trouvons ici en présence de cas tout à faits exceptionnels, assez rares même, puisque, jusqu'à ce jour, ils sont passés inaperçus aux yeux des sociologues. Cela prouve,en sus de la rareté et de l'anomalie de ces cas, la profonde ignorance des sociologues en matière de psychologie, et particulièrement de psychologie affective, c'est-à-dire de psychologie des sentiments.

*
* *

Ainsi donc, — bien qu'une pareille constatation puisse paraître étrange, — il a de tout temps existé, il continue encore à exister, et vraisemblablement il existera de toute éternité une catégorie d'êtres malfaisants par leur caractère natif, par leur idiosyncrasie mentale, par leur naturel inné.

Inutile d'ajouter que ces êtres-là constituent autant de bouches à exclure du banquet socialiste. En d'autres termes, la question sociale doit s'étudier en dehors d'eux, et avec la plus entière défiance à leur égard. Nous les diviserons en deux classes, suivant la présence ou l'absence de l'égoïsme comme pouvoir d'inhibition à leur malfaisance.

***

La première classe comprend les plus mauvais de tous les microbes pathogènes en train de détruire l'organisme social. Il s'agit ici de volontés nocives par essence, sans que l'égoïsme le plus étroit puisse leur servir de régulateur et de frein.

Dans la deuxième classe, se trouvent compris les naturels susceptibles de nuire à tout le monde, sauf pourtant à eux-mêmes.

***

Au premier rang des individus à exclure du banquet socialiste, se rencontrent ces mauvais sujets d'instinct, à la fois cyniques et hypocrites, naturels dépravés par leur seule et unique volonté. De tels êtres abjects commettent le mal pour l'unique plaisir de le commettre, ou mieux encore, de l'avoir commis. Ils sont pervers de par leur nature intime et foncière, au lieu d'avoir été pervertis par la Société, ou par n'importe quelle autre cause étrangère, telle que l'influence ancestrale, si lointaine soit-elle, l'ambiance du milieu, ou une mauvaise éducation. Ils sont trop méchants, trop haineux, et trop fourbes à la fois, pour être même des égoïstes. Car l'égoïste le plus renforcé, le plus concentré sur lui seul, du moins s'aime dans son égoisme purement individuel. Il aime donc quelque chose au monde. Conséquemment, il n'agit jamais contre ses intérêts. D'où possibilité de ménager les intérêts des autres dans la mesure où ils s'accordent avec les siens. — Pires que le plus personnel des égoistes, ces monstres psychologiques se haïssent eux-mêmes. Ils trouvent leur plaisir à nuire continuellement à tout le monde, et vont parfois jusqu'à se nuire à eux. Ils font le mal pour l'unique volupté de le faire quelquefois contre leur intérêt propre le plus évident. Ils ont horreur de la nature, eux compris. La nature entière a pareillement et également horreur d'eux, semblables à la pieuvre qui ne vit que pour étouffer et absorber n'importe quel vivant tombé entre ses tentacules, laquelle arrive jusqu'à se détruire, faute d'objet externe de destruction.

***

Avec la tendance actuelle à voir dans tous les criminels des fous ou des dégénérés enclins à la folie, — ce qui peut en être vrai que de quelques uns, — beaucoup de criminalistes, à la suite surtout de Lombroso, considèrent comme atteints de maladie mentale ces surprenants sujets d'étude.

Erreur ! Ce ne sont ni des fous, ni des dégénérés enclins à la folie.

Sans doute, beaucoup de gens, plus même qu'on ne

le suppose, réputés sains d'esprit, et surtout se croyant à l'abri de la démence, renferment en eux le germe d'une maladie mentale. Sans doute encore, la ligne de démarcation entre la sanité parfaite et l'insanité est difficile à saisir. Qu'importe ! elle existe ; cela suffit pour établir un critérium certain.

*
* *

L'opinion commune est portée à considérer comme fous tous les individus bizarres, originaux, excentriques, et rien que ceux-là. Que de fois elle se trompe grossièrement ! A ce compte-là, l'immortel Proudhon lui-même se serait vu exposé à recevoir la visite de médecins aliénistes. Il va sans dire que ces derniers, après une conversation de courte durée avec le subtil dialecticien, en auraient été pour leur peine et leur dérangement inutile. Ils se seraient retirés confus, se demandant peut-être si ce n'étaient pas eux les fous, par suite de la contagion de leur milieu professionnel.

Sont fous tous les individus, — et ceux-là seulement, — qui ont perdu la notion exacte de leur identité personnelle. Sont sur le chemin de la folie tous ceux, — et ceux-là seulement — qui ne se connaissent point jusque dans les recoins les plus cachés de leur conscience. En d'autres termes, ils n'aperçoivent aucune de leurs faiblesses susceptibles de froisser leur amour-propre ou leur vanité.

Les hommes qui se connaissent à fond, — combien rares ! — possèdent une énergie mentale qui vaut plus que tous les trésors. Or, les êtres monstrueux, pieuvres à face humaine, sont précisément doués de cette énergie mentale peu commune En effet, souvent rien que par la puissance de leur dialectique serrée, ils transforment sans peine en complice, ou tout au moins en approbateur, le premier qui les écoute, sans une défiance préconçue et persistante à leur encontre. Cette énergie mentale provient du fait qu'ils se connaissent parfaitement, comme aussi qu'ils savent convaincre et persuader. Or, du moment qu'ils possèdent une pleine et entière connaissance de leur propre mentalité qu'ils dirigent à leur gré, du moment qu'ils sont doués d'une intelligence pénétrante ainsi que d'une volonté libre, ils ne sont, — quoiqu'on dise, quoi qu'on soit porté à s'imaginer du premier coup, — ils ne sont ni des fous, ni des dégénérés sur la voie de la folie. Loin de là! ils demeurent au contraire complètement responsables de leur personne; car ils ne cessent pas une minute de rester possesseurs de leur sang froid, à travers parfois certaines explosions mimiques de colère, en vue d'intimider. Continuellement ils demeurent maîtres de leurs sentiments, de leurs pensées, ainsi que de leurs actes volontaires et réfléchis. Nul doute alors qu'ils ne soient haïssables toujours, répréhensibles quelques fois, et, par exception vu leur habileté, parfois même sévèrement punissables.

Mais, — il importe de l'ajouter, — ils ne fournissent que très rarement l'occasion d'être punis, car ils savent généralement manœuvrer de manière à n'être jamais pris sur le fait. Et encore même, pris sur le fait, ils trouveraient le moyen de se tirer d'affaire, grâce à leurs sophismes, grâce aussi à l'incurable crédulité des foules.

*
* *

De plus, et ceci nous fournira une preuve supplémentaire qu'il ne s'agit en l'espèce ni de fous ni d'inconscients, il y a lieu d'ajouter que, sous la crainte d'une menace immédiate, ces naturels pervers cessent, momentanément du moins, de nuire à autrui, et cela, rien que par peur ou plutôt par calcul. Bien plus, ils sont quelquefois capables d'affecter, par intermittence, la probité, l'honnêteté, la loyauté, la bonté poussée jusqu'à la bonhomie. Ils agissent ainsi soit par crainte, soit surtout par ruse et perfidie, afin de mieux tromper dans l'avenir, quelquefois même, qui sait ? (tant semble impénétrable le cœur humain, et surtout le leur), afin d'échapper un instant à leur mauvaise nature ; mais « chassez le naturel, il revient au galop. »

M. Ribot leur consacre les quelques lignes suivantes dans son ouvrage la *Psychologie des Sentiments* : «...» L'observation montre que la plupart connaissent fort bien les prescription de la morale, ont la notion *abstraite* du bien, du mal, du devoir, inculqué en eux par l'éducation et que tout cela n'a pas la moindre influence sur leur conduite. Ils ont des idées morales, non des sentiments moraux, c'est-à-dire une disposition à sentir et à agir. La loi n'est pour eux qu'un règlement de police qu'ils ont conscience d'avoir enfreint. Leur intelligence souvent ferme et lucide, n'est qu'un instrument pour ourdir des trames habiles ou se justifier par de subtils sophismes. » (1)

***

De pareils monstres psychologiques sont, en un mot, capables de tout, sauf du bien, à moins de s'y voir

(1) Ribot, *Psychologie des sentiments*, IIe partie, chap. 8, des Sentiments sociaux et moraux, page 300. Edition Félix Alcan, Paris, 1903.

contraints par suite d'une surveillance continuelle exercée sur leur mentalité. A vrai dire, ils aiment et apprécient sincèrement la loyauté, mais rien que chez les autres, desquels ils savent l'exiger. Ce qui prouve, comme le dit M. Ribot, qu'ils ont des *idées* morales, à défaut de *sentiments* moraux.

Susceptibles, cela va sans dire, d'empoisonner ou de faire empoisonner quiconque dont la franchise pourrait les démasquer, ou seulement dont l'existence les gène tant soit peu et même involontairement. Sans pitié ils sont, comme sans probité. Or, tout individu complètement dénué de pitié et de probité, constitue un criminel-né.

« Lorsqu'il y a égoïsme parfait, c'est-à-dire absence » de tout instinct de bienveillance ou de pitié, il est » inutile de rechercher les traces du sentiment de la » justice, puisque ce sentiment a une origine posté- » rieure, et qu'il suppose un degré plus élevé de l'é- » volution morale. Le même criminel sera donc » voleur et meurtrier à l'occasion ; il tuera pour de » l'argent, afin de s'emparer du bien d'un autre, pour » en hériter, dans le but de se délivrer de sa femme » et d'en épouser une autre ; ou pour se débarrasser » d'un témoin, ou pour se venger d'un tort insigni- » fiant ou imaginaire, ou encore pour montrer son » adresse, son œil sûr, son poing ferme, son mépris » pour les gendarmes, son aversion enfin pour toute » une classe de personnes. » (1)

D'après les lignes qui précèdent, M. Garofalo ne

Garofalo. « La Criminologie », IIe partie, le Criminel, chapitre Ier ; l'Anomalie du Criminel. § V ; Le Criminel Typique, page 100, édition Félix Alcan, Paris 1888.

paraît guère se douter que les malfaiteurs les plus dangereux, absolument dénués de tout instinct de bienveillance ou de pitié, n'ont même pas la moindre bienveillance pour eux-mêmes. Par conséquent, l'égoïsme parfait ne saurait en rien expliquer leur conduite, étrange pour le dehors, il faut bien en convenir, mais logique avec elle-même, vue du dedans, bonne seulement à communiquer aux autres, par contagion imitative, une part de leur méchanceté native, dont d'ailleurs ils ne s'appauvrissent nullement, leur venin étant pour ainsi dire intarissable.

*
* *

Une fois démasqués, et conséquemment rebutés de partout, ces êtres-là ne se tiendraient point encore pour battus. Ils se feraient certainement dynamiteurs, et principalement chefs et meneurs des dynamiteurs, car ils sont aussi lâches qu'énergiques, — ce qui n'est pas inconciliable, malgré l'opinion commune, basée du reste sur la généralité des faits. La preuve de la coexistence chez eux, à dose égale, de la lâcheté et de l'énergie, c'est d'une part qu'ils n'endossent jamais d'une manière ferme la responsabilité de leurs actes, et, d'autre part, qu'ils s'obstinent toujours quand même à nuire. Le rôle de chef de dynamiteurs leur siérait à ravir, car il leur permettrait d'accomplir simultanément une triple action malfaisante. Ils nuiraient du même coup et à la cause socialiste, notamment aux théoriciens de l'Anarchisme, confondus avec les lanceurs de bombes, et à la propriété régulièrement établie, et aux illuminés qu'ils enverraient à la guillotine.

* * *

De tels êtres seraient encore capables, faisant de la synthèse chimique le plus détestable emploi, de fabriquer par combinaison une substance gazeuse ou volatile qui rendrait ou toxique, ou asphyxiant, ou méphitique l'air atmosphérique d'une zone d'espace déterminée.

Comme type de ce genre de malfaiteurs dangereux, on peut citer le fameux La Pommerais, ce médecin empoisonneur, qui fut guillotiné à Paris en 1864.

Il est extraordinairement rare que de tels êtres meurent sur l'échafaud ; mais ils périssent toujours d'une mort tragique. Le plus souvent ils sont tués au grand jour, par un désespéré mis par eux sur la paille, ou mystérieusement par un de leurs proches, voire même un de leurs enfants, lequel agit alors, non seulement animé d'un sentiment de dégoût, mais encore pour débarrasser sa famille d'un microbe pathogène.

La deuxième classe comprend tous les paresseux invétérés, lesquels abhorrent le travail avec une intensité égale à celle avec laquelle ils aiment et poursuivent le plaisir. Ils passent leur vie à chercher des combinaisons pour jouir de l'existence sans travailler. Aussi fuient-ils obstinément le travail, même lorsqu'une occasion exceptionnellement avantageuse leur est offerte, préférant vivre exclusivement de larcins, de filouteries, d'escroqueries, en un mot, d'indélicatesses diverses. Ce sont de véritables parasites sociaux.

Suivant le milieu où ils sont nés, suivant l'éducation

et l'instruction qu'ils ont reçue, suivant le monde qu'ils ont fréquenté, ils se rangeront, ou bien dans la catégorie des malfaiteurs vulgaires (apaches, cambrioleurs, souteneurs, etc.), ou bien dans celle des déclassés : (rastaquouères, escrocs, chevaliers d'industrie, assassins de filles galantes, etc.).

Les premiers sont des transfuges de la classe prolétarienne ; les seconds ont appartenu jadis au monde de la bourgeoisie, qui les a exclus de son sein comme décavés, comme ruinés, comme trop compromettants pour elle.

*
* *

D'un mot il est facile de qualifier tous les individus anti-sociaux que nous venons de répartir en deux classes. Ce terme est celui de nuisibles. M. Féré, médecin de Bicêtre, ne se sert pas d'une autre expression dans les lignes de son ouvrage, Sensation et Mouvement : « La vie ne s'entretient qu'au moyen d'échanges continuels et Whateley n'a fait qu'une application de la physiologie à la science sociale en disant que l'homme est « un animal qui échange. »

Tout être improductif qui n'a rien à donner en échange de ce qu'il reçoit est un obstacle au développement et au maintien de l'état social : c'est un nuisible.

Les nuisibles, criminels ou décadants de tout ordre, doivent être considérés comme les déchets de l'adaptation, comme les invalides de la civilisation. Ils ne doivent provoquer ni haine ni colère, mais la société doit, si elle ne veut pas voir précipiter sa propre décadence, se prémunir contre eux et les mettre hors d'état de nuire.

Il ne faut pas se laisser aller au sentimentalisme,la protection excessive des nuisibles qui ne peuvent que dégénérer est une cause de souffrance pour l'humanité tout entière.

» Le but à atteindre est donc de diminuer autant que possible le nombre des nuisibles. » (1).

Sous le terme générique de nuisibles,l'auteur parait englober jusqu'aux simples inutiles. A ses yeux, ou l'on est utile, ou l'on est nuisible, pas de milieu. M. Féré ne se doute pas le moins du monde, qu'entre l'idée d'utile et l'idée de nuisible il y a plus qu'un rapport de simple différence. Ces deux idées se trouvent simultanément rapprochées et éloignées l'une de l'autre, en un mot reliées par un rapport d'opposition, d'inversion, de contrariété. Or il est de règle absolue que les deux extrêmes opposés sont toujours séparés par un état intermédiaire, un état neutre, un état zéro, suivant les expressions de M. Tarde, dans son ouvrage, « l'Opposition Universelle ».

En l'espèce, l'idée d'inutilité constitue précisément l'état intermédiaire entre les deux idées inverses d'utilité et de nuisance. Par conséquent, la philosophie et la science s'accordent pour reconnaître qu'en dehors des utiles et des nuisibles, il existe une troisième classe, parfaitement tranchée, celle des inutiles.

Indépendamment de ces raisons rigoureuses, tirées de l'étude approfondie de la science impitoyable,il est permis d'ajouter une considération de sentimentalisme qui a bien son mérite aussi.

Le médecin de Bicêtre a l'air, par sa trop sévère gé-

(1) Charles Féré. Sensation et Mouvement, chapitre XXII, pages 164-165, 2e édition, Félix Alcan, Paris 1900.

néralisation, de dédaigner quelque peu les bouches rendues inutiles, sans qu'il y ait le moins du monde de leur faute, par des accidents, par la maladie, par le chômage ou la vieillesse. Les confondre avec des nuisibles, paraît cruel et même injuste.

Il ne faut pas, sous prétexte de préserver de la souffrance l'humanité toute entière, laquelle à vrai dire n'est qu'une abstration, sacrifier quelques individualités intéressantes. Les nuisibles, — les vrais nuisibles s'entend, et non les nuisibles au sens trop large que M. Féré donne à ce terme, — sont des êtres antisociaux. Les uns, ceux de la première classe, sur lesquels nous nous sommes assez étendu, représentent l'espèce la plus dangereuse pour la Société. Les autres, ceux de la deuxiéme classe, sont plutôt encombrants et embarrassants sans compensation aucune de leur part comme tous les parasites, que dangereux au sens propre du mot. Ni les uns ni les autres ne sauraient sans effronterie se prétendre socialistes. Ils n'ont nullement à se réclamer du Socialisme, pas plus du reste que d'aucun autre idéal. Car, ainsi que nous l'avons dit plus haut, ils n'ont pas à se plaindre de la Société, si dépravée qu'elle soit devenue. Cette dernière est seule fondée à se plaindre d'eux et à les rejeter de son sein.

Heureusement, les êtres malfaisants ci-dessus mentionnés ne constituent que la minorité de l'espèce humaine. La plupart des individus mauvais, primitivement bons dans le principe, ont été de par la suite aigris par l'influence du milieu. Il n'y a donc pas lieu de désespérer de leur retour au bien, en amendant le milieu dans lequel ils sont appelés à vivre.

CHAPITRE VII

LES OUVRIERS ET LES PATRONS AUX PRISES AUJOURD'HUI, DEMAIN RÉCONCILIÉS GRACE A L'INTERMÉDIAIRE DES BOURSES DU TRAVAIL. — LA QUESTION OUVRIÈRE CONSTITUE, NON POINT LA QUESTION SOCIALE A ELLE SEULE, MAIS SA PARTIE PRINCIPALE. POURQUOI?

L'élimination des nuisibles se trouve effectuée. Il est temps enfin de passer à l'examen de deux classes sociales de travailleurs, beaucoup plus intéressantes à étudier. Il s'agit ici, — tout le monde m'a compris, — des ouvriers et des patrons. Par suite d'un continuel malentendu, ces deux classes se trouvent actuellement en conflit. Mais demain, avec le triomphe du Socialisme, nous les verrons réconciliées, pour le plus grand profit de l'humanité ainsi que de l'industrie nationale.

Les ouvriers et les patrons, deux classes de travailleurs momentanément aux prises l'une avec l'autre! et cela, par suite d'un malentendu continuel. — Mais, il y a tout lieu de l'espérer, l'ère de leur réconciliation est proche. L'institution des Bourses du travail permet de caresser un aussi doux espoir. Il suffirait que les Bourses du travail se rendissent un compte exact de l'importance et de la gravité de leurs fonctions! Importance et gravité dont à l'heure présente elles ne paraissent nullement se douter!! Il faudrait qu'elles comprissent parfaitement le rôle qu'elles sont appelées à jouer. Jamais les Bourses du travail ne devraient s'écarter de leurs véritables attributions.

Réconcilier les travailleurs manuels et les travailleurs intellectuels, aussi indispensables les uns que les autres à l'œuvre de la production des richesses, telle devrait être leur ligne de conduite.

A cette noble institution incombe le soin de réglementer d'une manière équitable les rapports du travail avec le capital.

A cet effet, la Société compte sur elle pour rechercher le minimum du taux des salaires, d'après des statistiques, pourcentages et autres éléments divers d'appréciation.

*
* *

Jusqu'à présent, on a dû le remarquer, il n'y a guère que les ouvriers, — en dehors bien entendu des politiciens qui en vivent, — qui professent le Socialisme. En sorte qu'il semble que la question sociale se réduise à la question ouvrière. Il est certain que celle-ci constitue réellement la partie principale de la question sociale. Mais il est non moins certain qu'elle ne la renferme pas toute à elle seule.

On pourrait assimiler la question sociale à un édifice ; la question ouvrière n'en constituerait que les fondements et la charpente.

Il va sans dire que l'édifice serait incomplet, qu'il n'existerait pas en tant qu'édifice, s'il resterait réduit à ces seuls éléments, quelque primordiale d'ailleurs que soit l'importance des susdits éléments.

*
* *

La question ouvrière constitue donc la partie principale de la question sociale. Cela se comprend, car les ouvriers salariés sont précisément ces déshérités du sort auxquels nous faisions naguère allusion. Réduits à travailler du matin au soir, avec quelques heures de repos, uniquement pour gagner leur vie, ou plutôt pour ne point mourir de faim, telle est leur destinée. Ils sont pour ainsi dire enchaînés au service d'un seul, le patron, lequel risque sans doute de faire faillite, mais espère réaliser une fortune. Les ouvriers sentent qu'ils sont pour quelque chose dans l'édification de la fortune du patron. Et ils n'ont aucun espoir, eux, non seulement de participer à cette fortune, mais encore de réaliser sur leur maigre salaire des économies suffisantes pour leur permettre de vivre à leur aise sur leurs vieux jours. L'épargne leur est matériellement impossible, en raison de l'exiguité de leurs ressources. Par conséquent, — nous avons eu du reste déjà l'occasion de le faire remarquer, — tout conseil de vivre économiquement n'est pour eux d'aucune utilité. Il ne servirait en rien à amener une amélioration notable de leur sort. Bien plus, la recommandation de pratiquer la tempérance, la sobriété et toutes les vertus domestiques paraîtrait une amère raillerie, adressée à des ménages sobres par force.

*
* *

On le voit clairement : la classe ouvrière se trouve de plus en plus enlisée dans la misère. Il semble même qu'elle ne puisse jamais en sortir.

Les patrons, eux, sont intéressés au maintien de cette classe, ainsi qu'à sa propagation. Et celà, afin que les salaires baissent par suite de l'offre surabondante des bras sur le marché du travail. Mais, avec une étroitesse de vue toute bourgeoise, ils se figurent intéressés à ce que cette classe restreigne continuellement ses prétentions pécuniaires.

Erreur ! Ils ignorent que toutes les classes sociales sont solidaires entr'elles, comme les industries diverses, même les plus dissemblables en apparence.

Le jour où les salaires seraient trop exigüs, beaucoup de malfaiteurs surgiraient des rangs des prolétaires affamés et révoltés. En vain la bourgeoisie apeurée réclamerait-elle sans cesse des crédits supplémentaires et extraordinaires pour renforcer la police. Cela prouve qu'on ne gagnerait guère à trop vouloir pressurer les prolétaires, au contraire même! Car ces crédits, qui les supporterait en définitive ? les contribuables. Sans compter que l'on perdrait encore toute sécurité. Les esprits terrorisés s'affoleraient soudain. A qui la faute ? à l'égoïsme, ainsi qu'à la bêtise universelle qui en serait le concomitant.

***

Le mal actuel, je m'empresse de le dire, ne me semble point irrémédiable. Effectivement, — je ne saurais trop signaler ce point important, — les patrons sont intéressés au maintien et à la propagation de la classe ouvrière. Par conséquent, au nom de leur intérêt, ils ne sont pas absolument inhumains. Du reste, ce ne sont point des bourgeois dans toute l'acception du terme, mais de simples demi-bourgeois à classer dans la catégorie des travailleurs capitalistes.

*
* *

Les patrons souhaitent que le nombre des ouvriers ne diminue jamais, et qu'au contraire ce nombre tende à augmenter ; on en comprend la raison. Ainsi donc, il ressort avec l'évidence la plus lumineuse que l'antagonisme entre les intérêts des patrons et ceux des ouvriers n'est pas aussi absolu qu'on serait tenté de le croire à première vue. A vrai dire, les patrons ne devraient point s'effrayer des progrès du socialisme. Loin de là ! Ils devraient entrer avec résolution dans le mouvement socialiste. C'est ce qu'ils n'hésiteront pas une minute à faire, — j'en ai l'intime conviction, — dès qu ils apercevront l'étroite solidarité qui les relie à leurs collaborateurs, les ouvriers. D'autant plus qu'en se solidarisant davantage avec ceux-ci, les entrepreneurs d'industrie se préserveront d'un péril qui, sans qu'ils s'en doutent, les menace directement et exclusivement. Ce péril, c'est l'envahissement de la grande industrie par une féodalité financière. Nous reviendrons, du reste sur ce point en temps et lieu.

CHAPITRE VIII

LE SOCIALISME INTÉGRAL SUPPOSE L'HARMONIEUSE FUSION DES INTÉRÊTS DE L'OUVRIER AVEC CEUX DU PATRON

Les entrepreneurs devraient se socialiser avec les ouvriers. Il résulte de là que le Socialisme intégral suppose l'harmonieuse fusion, dans la mesure du possible des intérêts de l'ouvrier avec ceux du patron.

Jusqu'à maintenant, la question sociale semble réduite à la question ouvrière, par suite de l'effroi que le Socialisme inspire aux patrons. La peur, ai-je dit, est la conséquence directe de l'ignorance entêtée. Or l'ignorance entêtée frise de très près la mauvaise foi.

***

La réduction de la question sociale dans la seule question ouvrière, constitue une erreur, résultant de deux causes qui agissent de concert. Ces deux causes sont : d'une part la passion, d'autre part le manque de méthode. La passion, c'est ici l'égoïsme. Nous avons déjà parlé de ce sentiment indéracinable du cœur humain, en vertu duquel chacun de nous exagère son mérite propre et dénie tout à fait le mérite d'autrui. Animés de ce mauvais sentiment, qui est au sain amour-propre ce que la jalousie est à l'émulation, les travailleurs intellectuels dédaignent les travailleurs manuels, et réciproquement. D'où conflit entre les patrons et les ouvriers, ceux-ci représentant le travail manuel, et ceux-là le travail intellectuel.

***

La deuxième cause qui engendre l'erreur signalée plus haut, c'est un manque de méthode. Le désordre dans les idées est la conséquence inévitable de l'absence de méthode. Les ouvriers et patrons en désaccord paraissent perdre de vue la signification exacte des mots : *force, cause efficiente, cause finale, fin ou but.* Pour arriver à calculer l'équivalence des divers facteurs économiques, la notion parfaite de tous ces termes scientifiques est absolument indispensable.

***

Les ouvriers, nul n'en doute, et eux encore moins que personne, constituent la cause efficiente directe et immédiate de la production des richesses diverses. Ils représentent cette cause par leur travail manuel, par leur main-d'œuvre, par la peine physique qu'ils prennent. Or, en mécanique, la cause efficiente directe et immédiate d'un mouvement s'appelle force. Par conséquent, les ouvriers salariés représentent une force indispensable pour approvisionner le genre humain. Aussi, se montrent-ils fiers de leur rôle social de force utile.

***

Mais, d'autre part, les mêmes ouvriers oublient que, dans les actes volontaires de la vie humaine, la force n'entre pas seule en ligne de compte. La force se trouve toujours obligée, non pas sans doute de s'éclipser devant ses associés, mais du moins de partager avec eux son importance.

Quels sont donc les associés de la force dans les actes volontaires de l'homme vivant en société ?

Pour répondre à pareille question, nous aurons besoin de revenir à la définition de la force.

Une force avons-nous dit, est une cause efficiente, directement et immédiatement productive de mouvement. Mais qui dit cause productrice de mouvement n'entend point parler de cause initiatrice de mouvement. Aussi, dans l'ordre chronologique, toute cause productrice sans être initiatrice de mouvement, se trouve nécessairement précédée d'une cause antérieure ou d'une série de causes antérieures.

***

D'autre part, du moins dans le domaine de la volonté, ce n'est jamais en aveugles que les successives causes efficientes de mouvement se mettent en œuvre. Loin de là ! elles se proposent toujours un but, de nature à déterminer leur activité. En conséquence, l'idée de fin ou de cause finale s'ajoute de toute nécessité à l'idée de cause efficiente directe ou indirecte. Un but, une fin, une cause finale, c'est un résultat prévu d'avance, résultat suggérant, pour ainsi dire, par sa vision anticipée, la pensée ainsi que l'intention de l'atteindre, de le réaliser.

***

Nous venons de montrer de la sorte les associés de la force dans les actes volontaires de l'homme vivant en société. Ces associés sont : d'une part, la série de causes efficientes antérieures à la force ; d'autre part, la cause finale ou but.

Examinons spécialement ce qui concerne la production d'une marchandise quelconque sur le marché. En l'espèce, la cause finale, c'est la demande du public consommateur et acheteur. La main-d'œuvre des ouvriers représente la force, c'est-à-dire la cause efficiente immédiate. Quant à la cause efficiente du second degré, elle s'attribue au plan dressé par le patron, avec ses instructions nécessaires aux ouvriers.

CHAPITRE IX

LES PATRONS INDIVIDUELS, MENACÉS DE SE VOIR SUBMERGÉS PAR UNE FÉODALITÉ FINANCIÈRE ENVAHISSANTE, ONT UN INTÉRÊT MAJEUR A ENTRER DANS LE SOCIALISME. — LES OUVRIERS SONT A L'ABRI DU DANGER QUI PLANE SUR LA TÊTE DES PATRONS INDIVIDUELS, POURQUOI? — DISPARITION A BRÈVE ÉCHÉANCE DE LA GRANDE PRODUCTION, ÉLIMINÉE PAR LA COLOSSALE PRODUCTION.

Certes, je ne voudrais en rien tomber dans l'optimisme outré de Bastiat, lequel n'approfondissait aucune étude. Mais je puis du moins espérer la prochaine réconciliation des ouvriers et des patrons, ces deux représentants du labeur. Il est évident qu'un véritable lien de solidarité existe entre eux, je ne saurais trop le répéter.

Les entrepreneurs se rapprocheront de leurs ouvriers et solliciteront leur appui, le jour où ils verront le danger réel que court le patronat. Car, — il importe de le signaler, — les patrons se trouvent, sans s'en douter le moins du monde, menacés par un épouvantable cataclysme économique.

Ils sont sur le point de disparaître, engloutis et submergés par une féodalité financière qui les supplantera.

Les grands Magasins et les Bazars montés par actions constituent précisément cette féodalité financière, semblables au mancenillier, cet arbre exotique, dont l'ombre seule passe pour léthifère. Nul n'ignore d'ailleurs que ce sont bien les grands Magasins et les Bazars qui ont tué les foires d'antan. Tout le monde constate qu'ils sont en train de tuer le petit et le moyen commerce de nos jours.

Un pareil phénomène sociologique n'est-il pas un indice précurseur, un prodrome du danger signalé ? Et n'est-il pas en même temps un symptôme de la fièvre de l'or ?

***

Du train dont marchent les évènements, avec cette vitesse vertigineuse et névropathique, bientôt la colossale production remplacera la grande production.

La colossale production est représentée par des sociétés anonymes d'actionnaires. Ceux-ci, tous rentiers, et généralement *millionnaires*, se syndiquent entre eux en vue de réaliser de gros bénéfices tout en empêchant un industriel de faire fortune pour devenir rentier sur ses vieux jours. La bourgeoisie, de la sorte, tend visiblement à se transformer en caste fermée.

La grande production semble donc fatalement appelée, sous peu, à disparaître de la scène économique, devant l'envahissement de la féodalité financière.

Par l'expression de grande production, il faut entendre l'entreprise industrielle ayant à sa tête un patron individuel, assisté d'un nombreux personnel d'ouvriers divers. Il va sans dire que deux ou trois, ou un plus grand nombre de patrons individuels, associés entre eux en nom collectif, sont censés n'en former qu'un seul, à raison de leur étroite solidarité juridique.

Dans la grande production, le patron expose un capital dont il demeure responsable sur ses biens personnels. Il peut, par suite de mauvaises spéculations, subir des pertes qu'il n'est pas toujours sûr de compenser par des bénéfices ultérieurs. Il risque la faillite, ce qui serait la ruine de sa maison, sans compter qu'une faillite n'a jamais rien de bien honorable en soi.

* * *

Les innombrables actionnaires d'une grande compagnie n'auraient à redouter aucune faillite de celle-ci, comme ayant les reins trop solides. D'ailleurs, même en supposant l'impossible, une pareille faillite ne les atteindrait guère en particulier. En effet, toutes les fois qu'un capitaliste se paie le luxe de placer son argent en actions, il révèle par là d'une manière claire qu'il possède d'autres ressources lui permettant de se passer de ses dividendes pendant les années infructueuses. Et d'autre part, il n'aventure que son apport, n'étant point responsable sur ses biens personnels.

La bourgeoisie actuelle est de plus en plus assoiffée d'argent : « Cette recherche universelle de la richesse « a eu pour inévitable corollaire un abaissement géné« ral de la moralité et toutes les conséquences qui dé« coulent de cet abaissement. La plus visible a été une « diminution profonde du prestige de la bourgeoisie « aux yeux des couches sociales inférieures. » (1)

(1) Gustave Le Bon « Psychologie du Socialisme », livre I, chapitre II, § 2, page 16, édition Félix Alcan, Paris 1899.

Outre qu'assoiffée d'or et d'argent, la bourgeoisie dégénérée se trouve encore atteinte de cette maladie mentale qui s'appelle la mégalomanie ou délire des grandeurs. De là, son irrésistible désir de puissance, de domination, de suprématie. De là, son impatience fébrile de devenir au plus vite une caste fermée, et de se transformer ainsi en une véritable aristocratie, ou, pour parler plus exactement, en une insolente ploutocratie.

Le régime actuel, — il n'est que trop facile de le remarquer, — favorise au plus haut point les tendances ambitieuses de la bourgeoisie. Il n'y a, pour s'en rendre compte, qu'à considérer l'extrême facilité avec laquelle, du jour au lendemain, peuvent se constituer de formidables compagnies financières. La loi du 24 juillet 1867 dispense, en effet, de toute autorisation gouvernementale la formation de n'importe quelle société anonyme ou en commandite par actions, et quel que soit l'objet de leur entreprise.

Un tel régime ploutocratique rend audacieux de riches et opulents financiers auxquels il est loisible, au moyen de coalitions permises par la loi, de tuer à leur aise le petit et le moyen commerce de leurs concitoyens. Par exemple, toutes les boulangeries, épiceries, charcuteries, boucheries, pâtisseries, etc. coopératives, ne semblent pas avoir d'autre but, quelque mauvaises raisons qu'en allèguent leurs fondateurs.

De pareilles sociétés doivent commencer par se déclarer dans leurs statuts uniquement instituées en vue d'acheter en grande quantité, et de la sorte à meilleur compte, les denrées à répartir entre leurs membres seuls acheteurs. Par ce moyen, les syndicats en question ne sont pas des sociétés commerciales, et se trouvent à ce titre exempts de la patente.

Les syndicataires, en s'adressant directement aux fournisseurs en gros, — ce que des ouvriers syndiqués auraient davantage raison de faire, — privent déjà de leur clientèle tous les commerçants patentés d'une ville.

Outre cela, la soif du lucre continuant d'augmenter, il n'est pas téméraire de supposer que les susdits syndicats en arrivent à vendre au public.

Devenus en réalité sociétés commerciales, s'ils ne payaient point patente, ils jouiraient d'un franc-alleu.

En résumé, l'on peut, sans être pessimiste, et l'on doit, si l'on est à la fois clairvoyant et sincère, reconnaître et affirmer que le niveau de la moralité baisse de plus en plus. Le culte du Veau d'Or ayant remplacé tout sentiment d'honneur, l'honnête homme a de la peine à vivre et à se faire respecter. Il va sans dire que nous n'étendons pas la qualification d'honnête homme au censeur en morale. Un tel personnage, sourdement méchant, et insidieusement calomniateur à l'occasion, n'a que l'apparence trompeuse de l'honnête homme. C'est un véritable usurpateur de réputation, au fond très enchanté que le niveau moral baisse, afin d'avoir l'occasion de déblatérer à coup sûr : histoire de se faire écouter et admirer comme un oracle. Pourtant, aux époques historiques où le niveau moral s'est perverti plutôt qu'il n'a baissé, notre personnage devient profondément vexé ; il est en proie à une anxieuse hésitation d'esprit, ainsi qu'à un embarras indescriptible, car il ne trouve plus l'occasion de placer son mot : l'oracle est en train de perdre son prestige. Il s'agit ici des phases de la civilisation où la vertu passe pour une tare et se voit réduite à subir les insultes continuelles du vice insolent.

M. Ribot ne laisse point échapper l'occasion de démasquer les faux honnêtes gens, censureurs en morale, usurpateurs de réputation, se croyant du mérite, soutenus qu'ils sont par leur renommée dans le monde. Cet auteur, après avoir indiqué la différence qui existe entre l'intelligence et le caractère, s'exprime ainsi à leur encontre : « N'est-il pas d'observation « courante que ces deux facteurs, le caractère et l'in- « telligence, sont souvent en désaccord ? On pense « d'une manière et on agit d'une autre, on écrit de « beaux traités de morale que l'on ne pratique pas, on « prêche l'action et on reste bien tranquille, on a le « cœur très tendre et on rêve des plans de destruc- « tion universelle. » (1)

Deux facteurs entreront en ligne de compte pour déterminer des rentiers richissimes à supplanter les patrons individuels. Le premier de ces facteurs est sans contredit l'ambition démesurée de la bourgeoisie, oublieuse de ses origines humbles, plébéiennes et

(1) Ribot. « Psychologie des Sentiments », IIe partie, chapitre XII, page 392, Edition Félix Alcan, Paris 1903.

démocratiques. L'extrême facilité de fonder, pour ainsi dire sous le couvert de la loi, des sociétés anonymes sans l'autorisation du Gouvernement, en vertu de la loi du 24 juillet 1867, constitue le second facteur.

Une fois que ces richissimes financiers, coalisés en une formidable compagnie anonyme, auront supplanté tous les patrons individuels, les économistes officiels les encenseront. Alors on ne verra plus de fortune moyenne, ni d'aisance, mais l'opulence et la misère extrême en parallèle, et le bonheur nulle part. De toutes les misères, la pire serait assurément la misère en habit noir, celle des patrons supplantés.

***

Il est à remarquer que les ouvriers, si précaire d'ailleurs que soit à tant d'égards leur situation, n'ont du moins en aucune manière à redouter l'envahissement de la féodalité financière : au contraire, peut-être. Les patrons individuels sont les seuls que menace un aussi épouvantable danger ; voilà pourquoi ils feraient preuve de véritable sagesse en se rapprochant de leurs ouvriers. Que résultera-t-il en effet pour ceux-ci, lorsque leurs patrons auront été supplantés par l'envahissante féodalité financière ? Ils s'embaucheront au service des Compagnies anonymes. Que leur importe au fond de servir un patron individuel ou une Compagnie anonyme représentée par son directeur.

***

Notez bien que les Compagnies anonymes emploieraient tous les moyens de s'attacher les ouvriers et de les domestiquer à leur cause. Elles arriveraient à leur faire perdre une à une toutes leurs espérances collectivistes : que d'ailleurs de telles espérances soient ou non des illusions, peu importe pour le moment.

En vue d'atteindre ce but, elles n'hésiteraient point à les flatter et à les bien traiter, c'est-à-dire à ne pas trop les fatiguer, tout en les rémunérant très grassement. De la sorte, il est facile de le comprendre, les grèves seraient évitées.

Il est hors de doute que les Compagnies financières, en procédant de la sorte, manifesteraient aussi la méfiance que leur inspirent les charlatans du Socialisme, meneurs de grèves eux à l'abri.

Les Compagnies financières connaîtraient exactement le minimum du taux des salaires. Seulement, soyez-en sûr, elles se refuseraient à révéler à personne un aussi précieux secret; ce serait afin de conserver leur suprématie sur les ouvriers et de les tenir toujours sous leur coupe. Les susdites Compagnies en arriveraient à provoquer la promulgation de lois punissant de peines très sévères quiconque chercherait la solution du problème social. Elles réclameraient en outre aux pouvoirs publics et en obtiendraient finalement la fermeture de toutes les Bourses du Travail.

A ce propos, il y a lieu de signaler et de prouver la possibilité d'un danger social auquel nous sommes exposés, laquelle possibilité a échappé au coup d'œil d'Auguste Comte. Préoccupé surtout par la considération des emprunts de méthode que l'école rétrograde fait à l'école révolutionnaire en vue de reconstituer l'ancien système politique, l'inventeur de la science sociologique se refuse à admettre l'éventualité d'un régime qui nous condamnerait à l'ignorance forcée.

« . . . .
« . . . Aucun gouvernement ou même aucune « école n'ont été assez rétrogrades pour entreprendre, « ou seulement concevoir, la compression systéma- « tique des sciences, des beaux-arts et de l'industrie. « Au contraire, tous les pouvoirs tiennent à honneur « d'encourager leurs progrès. » (1)

Pourtant, l'histoire donne un démenti aux affirmations dogmatiques d'Auguste Comte. Elle mentionne, en effet, l'existence, de temps en temps, de gouvernements assez despotiques pour prohiber, sous des peines très sévères, la diffusion de l'instruction. Proudhon en parle dans son ouvrage : « *Qu'est-ce que la Propriété ?* » Au lieu d'opposer l'idée de progrès à l'idée d'ordre, comme le fait Auguste Comte, il distingue l'idée de progrès de l'idée de révolution : le concept d'ordre étant sous-entendu dans la pensée de Proudhon, d'après sa tournure d'esprit.

« Lorsque sur un fait physique, intellectuel ou « social, nos idées, par suite des observations que « nous avons faites, changent du tout au tout, j'ap- « pelle ce mouvement de l'esprit *révolution*. S'il y a « seulement extension ou modification dans nos idées,

(1) Auguste Comte, « La Sociologie », résumé par Emile Rigolage, chapitre Ier : Considérations sur la nécessité et l'opportunité de la *sociologie*, d'après l'analyse de l'état social actuel), page 3, édition Félix Alcan, Paris 1897,

« c'est *progrès*. Ainsi le système de Ptolémée fut un « progrès en astronomie, celui de Copernic fit révo- « lution. De même, en 1789, il y eut bataille et pro- « grès ; de révolution il n'y en eut pas. L'examen des « réformes qui furent essayées le démontre.

« Le peuple, si longtemps victime de l'égoïsme « monarchique, crut s'en délivrer à jamais en décla- « rant que lui seul était souverain. Mais qu'était-ce « que la monarchie ? la souveraineté d'un homme. « Qu'est-ce que la démocratie ? la souveraineté du « peuple, ou, pour mieux dire, de la majorité natio- « nale. Mais c'est toujours la souveraineté de l'homme « mise à la place de la souveraineté de la loi, la « souveraineté de la volonté mise à la place de la « souveraineté de la raison, en un mot, les passions à « la place du droit. Sans doute, lorsqu'un peuple passe « de l'état monarchique au démocratique il y a pro- « grès, parce qu'en multipliant le souverain on offre « plus de chances à la raison de se substituer à la « volonté ; mais enfin il n'y a pas révolution dans le « gouvernement, puisque le principe est resté le « même. Or nous avons la preuve aujourd'hui qu'avec « la démocratie la plus parfaite on peut n'être pas « libre.

« Voyez Tocqueville, *de la Démocratie aux Etats-* « *Unis*, et Michel Chevalier, *Lettres sur l'Amérique* « *du Nord*. On voit dans Plutarque, *Vie de Périclès*, « qu'à Athènes les honnêtes gens étaient obligés de « se cacher pour s'instruire, de peur de paraître « aspirer à la tyrannie. » (1)

(1) Proudhon, « Qu'est-ce que la Propriété ? » Premier mémoire, chapitre Ier, page 29 et note au bas des pages 29 et 30, édition C. Marpon et E. Flammarion, Paris.

Sans doute, il ne faut point perdre de vue que Proudhon, avec son intellectualisme à outrance, raisonne plus en philosophe qu'en psychologue. C'est un utopiste de la raison, comme il y a des utopistes de l'imagination. Toujours est-il que les lignes précitées nous fournissent la preuve de la possibilité d'un régime capable d'exiger la fermeture des Bourses du Travail, et de prohiber, sous la menace des peines les plus sévères (destinées d'ailleurs à être toujours appliquées), toute recherche de l'assiette de la valeur.

Voilà le régime que nous ferait goûter l'avènement de la Ploutocratie, fondé sur les ruines de la Démocratie.

*
* *

Ces Compagnies manipuleraient leur personnel avec une main de fer au gant de velours. Ainsi que nous l'avons dit et qu'il ne nous semble pas inutile de le redire, elles auraient vite trouvé le joint pour bien payer leurs ouvriers sans trop les pressurer de travail. Les Grandes Compagnies agiraient ainsi avec une remarquable facilité. Car, malgré leur rapacité, ou plutôt, à cause de leur intelligent mercantilisme, ces puissantes associations de capitaux pourraient aisément sacrifier quelques écus de plus pour le salaire des bras embauchés, sans augmenter et peut-être même en diminuant le nombre des heures de travail journalier. Le monopole qu'elles détiendraient, joint à la fortune personnelle de chacun des actionnaires, leur faciliterait dans d'incommensurables proportions ce double sacrifice, d'ailleurs plus apparent que réel.

Une fois enchaînés au service de la féodalité financière qui aura su les séduire, les ouvriers domestiqués perdront une à une toutes leurs espérances collectivistes.

***

En conséquence, les patrons individuels ont lieu de se livrer à de profondes méditations sur la gravité de l'heure présente. Il leur importe d'arriver au plus vite à comprendre qu'ils ont un véritable intérêt au triomphe du Socialisme, car ils sont solidaires avec leurs ouvriers, leurs collaborateurs.

Le jour où les ouvriers et les patrons, ces deux représentants du travail productif, seront réconciliés sans arrière-pensée de part et d'autre, alors, on pourra dire que la question sociale sera résolue.

CHAPITRE X

LE CONTRAT DE SALARIAT, MALGRÉ TOUTES LES AMÉLIORATIONS NÉCESSAIRES DONT IL POURRA ÊTRE L'OBJET, SERA TOUJOURS ENTACHÉ DU VICE DE *léoninité.*

Dans toute industrie, les ouvriers se trouvent liés envers le patron par un contrat synallagmatique ou bilatéral, à titre onéreux et commutatif, le contrat de louage d'ouvrage. Le patron, preneur ou locataire (conductor) de la main-d'œuvre de ses ouvriers, devient, en vertu de ce contrat commutatif, débiteur d'un prix périodique en argent, prix appelé salaire. Réciproquement, l'ouvrier, bailleur (locator) de son travail manuel, se trouve créancier de son salaire, et, de plus, privilégié sur les biens meubles de son patron, en vertu des articles 2101 4° du code civil et 549 du code de commerce.

***

Puisqu'il possède une créance liquide sur son patron, l'ouvrier peut réclamer en tout état de cause son salaire échu, lors même que l'entrepreneur n'aurait réalisé aucun bénéfice. La somme d'argent constituant le salaire ne doit en aucune manière être considérée ni comme une part des bénéfices présumés de l'entreprise, ni comme un prélèvement effectué sur eux, ni non plus comme la taxation de la part contributive de chaque ouvrier dans la réussite de l'opération générale. Car, si l'on regardait le salaire comme la taxation de la part contributive de chaque ouvrier dans la réussite de l'opération générale, il en résulterait que, en cas de non réussite, l'ouvrier n'aurait droit à rien. Or, nous le savons, celui-ci a toujours droit au paiement de son salaire, et, en cas de faillite du patron, il jouit d'un privilège sur les effets mobiliers de ce dernier.

Un pareil droit de créance se puise dans la rémunération d'un travail manuel que l'ouvrier s'oblige à fournir à l'entrepreneur exclusivement.

***

A première vue, quand on n'en considère que le côté juridique, c'est-à-dire superficiel, le salariat a tout l'air d'un contrat libre, où chacun des contractants a, au préalable, débattu ses conditions au mieux de ses intérêts.

M. Leroy-Beaulieu, dans son « *Précis d'Economie politique* », préconise les avantages respectifs du contrat de salaire, pour l'ouvrier ainsi que pour l'entrepreneur. Je ne disconviens point que le salariat procure des avantages respectifs à la fois aux ouvriers et au patron. Car le salariat constitue un contrat synallagmatique ou bilatéral, à titre onéreux et commutatif. Or, tout contrat de ce genre procure des avantages respectifs aux deux parties contractantes, même s'il est léonin.

Un contrat léonin est celui dans lequel l'une des parties, plus forte que l'autre, se fait la part du lion, c'est-à-dire s'assure des avantages de beaucoup supérieurs à ceux qu'elle laisse prendre à l'autre partie. Je prétends et je prouverai que le contrat de salaire est léonin.

Bien plus, de par sa nature même, de par son essence, de par la force des choses, un tel contrat ne peut être que léonin : alors même qu'il n'y aurait pas de la faute de l'entrepreneur. A plus forte raison, quand le patron, par son égoïsme et sa cupidité, rend ce contrat encore plus léonin !

Du reste, la constatation, de la part d'économistes socialisants comme M. Gide, que le contrat de salaire renfermera toujours des vices inhérents à sa nature, est on ne peut plus précieuse à enregistrer.

***

L'impossibilité pour le salariat d'être jamais autre chose qu'un contrat léonin, explique les imprécations des collectivistes, ainsi que le terme « *Mystère d'iniquité* », appliqué par Karl Marx au salariat, dans son ouvrage : « *Le Capital* ».

Le Collectivisme est un système qui, tout en maintenant les avantages de la grande production, et même ceux du machinisme, cherche à remplacer le louage des bras par l'association avec partage équitable des bénéfices.

Les collectivistes soutiennent que le salariat est une catégorie historique de l'économie politique, à ce titre appelée à disparaître comme a disparu l'esclavage. Les économistes, même socialisants, prétendent que le contrat de salaire, au lieu d'être une catégorie historique, représente une nécessité sociologique. Nous reviendrons plus tard sur ce piont.

***

Le contrat de salaire, avons-nous dit, est un contrat synallagmatique ou bilatéral, à titre onéreux et commutatif, ce qui ne l'empêche en rien d'être un contrat léonin. Le caractère moral de léonin, en effet, n'est point incompatible avec les qualités juridiques susindiquées. Il s'agit de savoir si, dans le contrat de salariat, les avantages respectifs des deux parties contractantes se font équilibre ou à peu près : sinon, le contrat est léonin.

***

M. Leroy-Beaulieu, continuant à parler du salariat dans son « *Précis d'Economie politique* », nous montre la souplesse de ce contrat, les modes infinis de combinaisons auxquels il se prête. Le même auteur n'oublie jamais de mettre en saillie tous les modes de perfectionnement du salariat. entr'autres le salaire progressif. Mais, de la sorte, il révèle par là d'une manière implicite qu'un tel contrat est mauvais dans son essence, puisqu'il a sans cesse besoin d'être modifié, corrigé, amendé, amélioré, et qu'encore, malgré toutes les améliorations, ce contrat mécontente les ouvriers, quoiqu'à des degrés sans cesse diminuant, mais dans des proportions imperceptibles, surtout pour ceux qui souffrent des vices constitutionnels du salariat.

Si réellement le contrat de salariat procure des

avantages respectifs à l'ouvrier et à l'entrepreneur, pourquoi sans cesse l'amender ? Mais ce point révèle d'une manière assez claire que les avantages respectifs sont très loin de se contrebalancer.

***

Les économistes ont le tort de n'envisager que le côté juridique, c'est-à-dire superficiel, des institutions complexes comme celle du salariat. Ils se croient bien inspirés de comparer le salariat à l'esclavage pour l'en différencier. Nous verrons tout à l'heure qu'ils se fourvoient en se livrant à la légère à une aussi délicate comparaison. Ils procurent des armes à la dialectique des Collectivistes, leurs irréconciliables adversaires.

***

De prime abord, une comparaison superficielle de l'esclavage avec le salariat, — à supposer possible une comparaison entre deux institutions aussi hétérogènes, — paraît devoir être favorable à ce dernier. Comme si le salariat constituait un perfectionnement de l'esclavage ! Ce qui, après tout, est possible, mais ce qui n'est nullement démontré.

Dans tous les cas, nous n'avons pas à approfondir cette question, qui nous entraînerait hors du cadre de notre sujet. L'esclave, semblable au point de vue juridique à une bête de somme, était la chose de son maître, de son propriétaire. Il n'avait donc aucun droit à exiger de celui-ci, qui pouvait le faire travailler pour son compte exclusif, et cela, sans le rémunérer. — L'ouvrier, lui, à la différence de l'esclave, est un citoyen comme les autres. Il a, de ce chef, des droits qu'il peut faire valoir en justice. Il peut réclamer par voies légales le paiement de son salaire échu, et même, la loi lui confère un privilège à cet effet : nous le savons du reste. L'ouvrier est donc libre, en un mot.

***

Les économistes ne paraissent point se rendre compte qu'il n'y a rien au monde de plus élastique que la notion de liberté. Ainsi, le prolétaire sans le sou peut être un citoyen libre, au sens juridique du mot, tout comme un financier. N'empêche qu'il a les bras liés par suite du manque absolu de ressources pour vivre, et à plus forte raison d'avances pour entreprendre quoique ce soit, avec la meilleure volonté du monde. Il ne lui est possible, — s'il veut rester un honnête homme, ce qui à lui est beaucoup plus difficile qu'à un autre à l'abri du besoin (surtout si cet autre jouit déjà d'une réputation hors de proportion avec son mérite réel), — il ne lui est possible que de s'embaucher au service exclusif de quelqu'un. Le financier, lui, peut, s'il est méchant, arrêter net, par sa seule volonté malfaisante, l'essor de l'industrie de son pays : il n'a, pour un but aussi odieux, qu'à se coaliser avec d'autres financiers. La loi, nous l'avons déjà montré, lui en facilite les moyens. Et les mœurs contemporaines de la bourgeoisie, — les mœurs sont les principales, sinon les seules inspiratrices des législateurs, — s'orientent de plus en plus vers l'autel du Veau d'Or. Inutile de mentionner à nouveau la citation du Docteur Gustave Le Bon à propos de la

Bourgeoisie contemporaine, dans son ouvrage : « *La Psychologie du Socialisme* ».

*
* *

Ainsi donc, on le voit : la liberté du prolétaire sans avances, sans ressources, sans le sou, n'atteint point un millionième de degré de l'envergure de la liberté du financier. Elle n'atteint pas un millième, mais tout au plus peut-être un centième de degré de l'envergure de la liberté de l'entrepreneur, déjà nanti de capitaux et d'avances, et en quête d'ouvriers.

Etre libre, cela ne signifie point seulement avoir le droit de faire ou de ne pas faire ; cela veut en outre dire avoir le pouvoir matériel de faire ou de ne pas faire.

L'esclave n'était point libre du tout, car il n'avait ni le droit légal ni le pouvoir matériel de se faire rémunérer. L'ouvrier n'est libre que d'une manière incomplète, car s'il possède le droit de se faire payer sa main-d'œuvre, du moins il est dénué du pouvoir de débattre à son aise le quantum de son salaire, au mieux de ses intérêts. Il court au plus pressé, et subit la loi d'airain. En un mot, il est libre au sens juridique de ce terme ; mais, au point de vue sociologique et moral, il n'est pas libre du tout. Il consent, stimulé par les besoins impérieux et pressants de la vie, à se contenter d'un maigre salaire suffisant pour l'empêcher de mourir de misère, lui et les siens, tandis qu'il contribuera peut-être à édifier la fortune d'un autre. Il faut tout de même que cet homme soit doué d'une dose assez forte d'honnêteté pour se résigner de gaîté de cœur au rôle d'éternel tâcheron. Au moins, que la Société l'encourage à persévérer dans son honnêteté foncière! Si encore les classes « bien élevées » lui donnaient l'exemple de la moralité!! de la vraie moralité, non de celle que les censureurs en morale, les hypocrites, ont toujours à la bouche, même au cerveau, mais jamais au cœur.

***

Toutes les nuances subtiles de liberté juridique, de liberté morale et sociologique, échappent à l'entendement des économistes. On ne peut guère leur en faire un reproche, car tous appartiennent à la catégorie de ces mondains frivoles qui ne connaissent la misère que par ouï dire. En d'autres termes, ils ne la connaissent point d'une manière nette et précise; en sorte qu'il ne leur est guère possible de s'en retracer dans l'esprit une idée claire et lumineuse, ni par conséquent de la faire vibrer dans l'imagination de leurs lecteurs.

Tous ces mondains frivoles ne peuvent avoir de la misère qu'une idée vague, nuageuse, imprécise. En effet, ils n'en souffrent pas et n'en ont jamais souffert. C'est à cette catégorie de personnes que M. Ribot fait allusion dans son ouvrage « *La Psychologie des Sentiments* » : « Certaines personnes ravivent les images » joyeuses avec une étonnante facilité ; les souvenirs » tristes, quand ils surgissent, sont refoulés aussitôt » et aisément. Je connais un optimiste renforcé, à qui » tout réussit et qui a bien de la peine à se représenter » les rares chagrins qu'il a éprouvés. « Je me rappelle

» beaucoup mieux les joies que les états pénibles », » est une réponse que je relève plusieurs fois dans » mes notes. » (1)

Une autre partie des mondains frivoles appartient à ce type mental connu sous l'appellation de « intellectuels », individus au cerveau hypertrophié, au système nerveux surexcité et pour ainsi dire hyperesthésié. Névropathes, neurasthéniques, qui pensent, et qui ne vivent pas! Vivre, en un mot, consiste moins à penser qu'à pouvoir avec facilité raviver des états affectifs antérieurs, en vertu de cette propriété vitale qui s'appelle la mémoire affective, et qu'à ressentir en autrui des états affectifs actuels ou même antérieurs, en vertu de cette autre propriété vitale qu'on nomme la sympathie.

Vivre consiste encore à vouloir par soi-même, ce qui permet d'échapper à la moindre influence de suggestion externe. Précisément, les « intellectuels » sont suggestibles au suprême degré. Leur force vitale a une si minuscule intensité qu'ils ne sauraient éprouver de sympathie pour les états affectifs d'autrui. En effet, ils ne se sentent pas eux-mêmes, bien que croyant se sentir, eux qui pensent tant ! Or, la sympathie, au sens scientifique et étymologique du mot (συν, avec ; πάθος, souffrance), est une propriété biologique de la matière vivante.

En résumé, ni les économistes courtisans de la bourgeoisie, ni les mondains frivoles, ni les « intellectuels » ne sont en mesure de dire leur mot sur la misère. « Les gens qui parlent d'un état affectif qu'ils

(1) Ribot, « Psychologie des Sentiments », 1re partie, chapitre XI, la Mémoire affective, page 160, édition Félix Alcan, Paris 1903.

n'ont jamais éprouvé, qu'ils ne connaissent que par ouï dire, ont un concept vide. » (1)

***

Les ouvriers, eux, qui souffrent directement du mauvais côté du salariat, connaissent par une expérience toute personnelle ce mauvais côté. D'autre part, de profonds penseurs, de véritables apôtres du Socialisme, tels que les Proudhon, les Benoît-Malon, les Karl-Marx, les Lassalle, etc., à supposer qu'ils n'aient jamais éprouvé par eux-mêmes les anxiétés de la misère, en ont toujours souffert indirectement par sympathie. Aussi, les uns et les autres, aigris et exaspérés par les injustices senties dans l'ordre affectif, sont-ils, sans contestation aucune, qualifiés pour connaître à fond le régime ploutocratique de la bourgeoisie. Du reste, ils n'ont pas failli à leur tâche, et ne se sont jamais payé de mots. L'on s'explique de la sorte pourquoi Karl-Marx, ce révolté, a pu, dans un élan d'indignation contre la *léoninité* indélébile du salariat, la flétrir sous l'épithète frondeuse de « Mystère d'iniquité ». (Lire « le Capital » de Karl-Marx si l'on en a le courage intellectuel.)

Il est vrai que Karl-Marx n'a rien proposé du tout pour remédier à l'état de choses frondé par lui dans un style énergique. Qu'il eût à son service d'admirables raisons logiques, je n'en disconviens point. Mais la moindre solution efficace eût été, ce me semble, préférable à toutes ses objurgations. D'ailleurs, un mystère appelle une explication. Pourquoi ce puissant génie n'a-t-il pas trouvé l'explication du « Mystère d'iniquité ? ».

(1) Ribot, ibidem, page 161.

*
* *

Le socialisme de Proudhon, l'adversaire de Karl-Marx, était orienté vers les abus de la propriété plutôt que vers les vices constitutifs du salariat. Proudhon redoutait le communisme oppresseur, dont le Collectivisme actuel, à tort ou à raison, paraît être la réapparition sous un autre nom. Les idées proudhonniennes peuvent se résumer ainsi : Protection continuelle de la volonté humaine, considérée dans l'individu, comme tout empiètement externe : que l'empiètement provienne du despotisme du propriétaire trop favorisé par la loi, ou qu'il résulte de l'absorption de l'individu par une masse collective, dont la tyrannie, pour être anonyme, ne se fait pas moins sentir.

*
* *

Il y a lieu de faire observer que ni Karl-Marx ni Proudhon n'ont rien fondé. A vrai dire, Proudhon, très imbu de la métaphysique transcendante des philosophes allemands, des Kant et des Hegel, pouvait-il en réalité fonder quelque chose ? Connaissait-il la psychologie expérimentale, la psychologie des foules ? En aucune sorte, et pour cause. Ces sciences, de découverte récente, n'existaient pas de son temps. D'autre part, il était trop intellectualiste de tournure d'esprit pour les créer de toute pièce. D'ailleurs, dans son ouvrage : « *Qu'est-ce que la Propriété ?* » Proudhon se déclare en toute franchise plus apte à détruire qu'à réédifier. Il pousse même la modestie jusqu'à s'avouer incapable de reconstruire,

CHAPITRE XI

LES ÉCONOMISTES SONT MAL INSPIRÉS, POUR DÉFENDRE LE SALARIAT CONTRE LES ATTAQUES DES COLLECTIVISTES, DE LE COMPARER AVEC L'ESCLAVAGE ANTIQUE. — SOLUTION POSSIBILISTE DE LA QUESTION SOCIALE, EN ATTENDANT LA RÉALISABILITÉ ET LA RÉALISATION DU PROGRAMME COLLECTIVISTE.

Il est temps de revenir aux économistes. Nous les avions momentanément délaissés, afin d'établir un parallèle entre Proudhon et Karl Marx. — L'objectif des économistes est de battre en brèche le Collectivisme et de défendre à outrance l'institution du salariat. Dans ce but, ils paraissent tentés de comparer le sort de l'ouvrier salarié avec celui de l'esclave antique. Par le moyen de cette comparaison, qu'ils croient ingénieuse, ces messieurs se figurent prouver aux Collectivistes que l'esclavage est une catégorie historique, le salariat une nécessité économique : voilà pourquoi le premier aurait disparu, tandis que la disparution du second serait impossible, inconcevable.

Un tel argument menace de se retourner contre ceux qui l'emploient. Au reste, Karl Marx, dans son ouvrage « *Le Capital* », se charge d'en montrer l'inanité. « Quant un géant de la pensée, tel qu'Aristote, a pu se tromper dans son appréciation du travail esclave, pourquoi un nain comme Bastiat serait il infaillible dans son appréciation du travail salarié?» (1)

***

L'institution du salariat est-elle une catégorie historique, appelée à disparaître comme a disparu l'esclavage? Ou bien est-elle, au contraire, une nécessité sociologique, sans cesse modifiable et perfectible, mais intangible dans son essence ??

Si des commentateurs du droit romain arrivaient à démontrer la coëxistence du salariat et de l'esclavage, il y aurait des chances pour que le salariat fût une nécessité sociologique. Il n'y a pas de doute que les Romains connaissaient le contrat de louage d'ouvrage. Le *Digeste* mentionne, en effet, la locatio-conductio operarum, qui n'est autre que notre contrat de louage d'ouvrage. Or, la locatio-conductio operarum n'était et ne pouvait jamais être conclue qu'entre hommes libres ou ingénus, attendu que l'esclave était incapable de contracter pour son compte. La seule différence qui existait entre le locator operarum, ou entrepreneur, et le conductor operarum, ou l'embauché, c'est que ce dernier appartenait à la classe des prolétaires, à cause de son extrême pauvreté. Par conséquent, il est permis d'affirmer que, dans la Rome antique, le prolétariat existait bel et bien, parmi les hommes libres ou ingénus. Les travailleurs salariés (opifices, ancillæ) parfaitement distincts des esclaves,

(1) Karl Marx, « Le Capital », livre Ier, 1re section, chapitre Ier, la Marchandise, page 32, 2e colonne, note 1, traduction de M. J. Roy entièrement revisée par l'auteur, librairie du Progrès, 11, rue Bertin-Poirée, Paris.

(servi ou servæ) se recrutaient précisément dans le prolétariat. L'esclave, n'ayant aucun droit, ne pouvait même pas être un prolétaire, car le prolétaire, comme tout citoyen romain, comme tout Quirite, était légitime propriétaire (jure Quiritium) du peu qu'il possédait.

***

Quoi qu'il en soit, il me parait oiseux, d'approfondir cette question historique. Son étude nous causerait la perte d'un temps précieux, et j'estime que, pour le moment, nous avons un autre but à poursuivre. Que l'institution du salariat soit une nécessité sociologique ou une catégorie historique de l'économie politique, peu nous importe pour le moment. Il s'agit de produire un résultat efficace, au lieu de se borner à penser sans cesse, et de s'immobiliser dans le domaine de la pure théorie.

***

Ainsi donc, en admettant même, comme les Collectivistes le prétendent, que l'institution du salariat serait une catégorie historique de l'économie politique, il est permis d'affirmer que cette catégorie n'a pas encore achevé son temps. Et elle parait encore très loin d'être arrivée au terme final de son évolution.

L'existence dans notre pays, depuis un certain nombre d'années, de Bourses du Travail, prouve la véracité d'une telle assertion.

***

Une catégorie historique ne ressemble point à un météore. Jamais elle ne se montre pour disparaitre aussitôt. Loin de là, elle manifeste toujours une extrême lenteur dans son développement évolutif. Ainsi, — l'histoire le prouve, — plusieurs siècles se sont écoulés avant qu'une catégorie économique ait achevé son cycle.

Par conséquent, on le voit : l'institution du salariat — à considérer pareille institution comme une catégorie économique — ne parait guère encore à la veille de disparaître. Or, d'ici là, le chômage et la misère auront le temps de causer beaucoup de ravages. Les estomacs affamés sont plus impatients de pain que de théories. Les innombrables miséreux, réduits à se serrer le ventre, ne peuvent pourtant pousser la complaisance jusqu'à attendre, le sourire sur les lèvres, l'heure de la mise en pratique des desiderata des Karl Marx, Benoit Malon, Lassalle et tous autres collectivistes.

Aussi, j'estime qu'il y a lieu de courir au plus pressé. Il faut d'urgence proposer non un palliatif, mais une solution de la question sociale. Bien entendu, cette solution ne sera que transitoire, si le Collectivisme parvient à réaliser ses plans idéaux. Dans le cas où il serait démontré que pareille réalisation est impossible, la solution proposée devrait alors être considérée comme définitive. Dans tous les cas, elle présente, comme on le verra, les qualités de praticable, possible et même facile. C'est une solution possibiliste, qui consisterait à fixer d'une manière scientifique le minimum du taux des salaires, d'après certaines bases d'appréciation. Une pareille fonction incomberait aux Bourses du Travail.

CHAPITRE XII

L'ASSOCIATION COOPÉRATIVE DE PRODUCTION NE SAURAIT ÊTRE CONSIDÉRÉE COMME UN ESSAI VÉRITABLE DE COLLECTIVISME, CAR ELLE NE SUPPRIME POINT LE PRINCIPE DU SALARIAT.

Il importe tout d'abord de se mettre en garde contre une illusion qui nous entraînerait à croire que l'on peut d'ores et déjà, par le moyen des sociétés coopératives de production. tenter l'expérimentation du Collectivisme. Il n'en est rien. Jamais l'on ne saurait considérer d'une manière sérieuse comme un essai véritable de Collectivisme ce genre d'institution, à la fois bâtard et hybride, autant que trompeur, appelé association coopérative de production. De même qu'un simple socialiste ne veut pas entendre parler de la participation aux bénéfices, — palliatif insuffisant, ou plutôt, pour s'exprimer avec plus de justesse, remède pire que le mal, véritable cote mal taillée qui, imaginée sans réflexion en vue de contenter à la fois patron et ouvriers, n'a réussi qu'à mécontenter tout le monde, — de même, les Collectivistes logiques devront accueillir avec une semblable indignation l'idée proposée d'association coopérative de production.

* * *

Association coopérative de production! On entend, par ces termes ronflants, sonores et quelque peu séduisants, toute société formée par des ouvriers seuls, en vue de produire en grand pour leur propre compte, et non plus pour celui d'un patron.

Voici comment les choses se passent : Des ouvriers se rendant très bien compte des inconvénients et des gaspillages sociaux de la production isolée (1), connaissant parfaitement les avantages de la grande production, et, d'autre part, ne voulant plus travailler pour le profit d'un patron, imaginent le plan suivant : Ils s'associent entre eux seuls, et entreprennent, pour leur propre compte, à leurs risques et périls, sous leur unique responsabilité et avec leur initiative volontaire, l'exploitation d'une usine ou d'une manufacture importante, telle que, par exemple, une fonderie, une métallurgie, une forge, une tannerie, une verrerie ouvrières. Comme de juste, ils garderont pour eux seuls l'intégralité du produit de leur travail.

Grand bien leur fasse! Laissons-les à l'œuvre, et souhaitons-leur la réussite la plus prompte autant que la plus grande!! N'allons pas, à l'instar de économistes même socialisants, ennuyer ces courageux travailleurs avec la recommandation sans cesse répétée d'obéir à une direction unique. N'allons pas non plus, à l'imitation de certains pédants du Socialisme qui ont toujours à la bouche le mot « émancipation », nous ériger en éducateurs de la classe ouvrière. Ce n'est point tant l'éducation économique qui fait défaut à cette classe, que les capitaux. D'ailleurs, on n'émancipe que les mineurs en tutelle ou

(1) Ce qui prouve, comme nous en parlerons ultérieurement, que l'éducation économique de la classe ouvrière n'est pas autant à faire que le prétendent certains pédants du Socialisme.

en puissance paternelle. Or, la situation sociale et économique des ouvriers salariés ne présente pas la moindre analogie avec la situation juridique d'un adolescent mineur ayant besoin d'une émancipation de la puissance paternelle ou de la tutelle pour entreprendre un commerce. Vous figurez-vous le patron comme étant le père de famille ou le tuteur de ses ouvriers ? - Trève de chimères, et revenons à notre sujet.

***

Supposons les ouvriers animés tous d'une sympathie plus intellectuelle qu'affective, telle que doit être celle qui unit entre eux les nombreux membres d'une colonie animale Une aussi admirable sympathie aurait pour effet de concilier dans une harmonieuse fusion les avantages de la discipline à l'autorité et ceux de la liberté : il en résulterait une puissante synergie, gage du succès. Admettons à la rigueur la posssibilité d'un degré aussi élevé de sympathie : c'est une utopie de l'imagination. Soit ! Mais toutes les hypothèses scientifiques ont bien été, elles aussi, des utopies de l'imagination, avant d'avoir été vérifiées par l'expérience. D'ailleurs, l'aphorisme « utopie de la veille, vérité du lendemain » s'applique aux utopies imaginatives seules.

***

Il existe en effet deux sortes d'utopies : les utopies de l'imagination, et celles de la raison. Ces dernières sont condamnées à demeurer toujours des utopies.

Précisément, j'aperçois dans l'institution des sociétés coopératives de production une utopie rationnelle, et, à ce titre, pour toujours irréalisable. Que faut-il, en effet, pour fonder une manufacture ouvrière quelconque ? Sans contredit, il faut le nerf de la guerre, c'est-à-dire des capitaux, cet indispensable levier.

Comment se les procurer, ces capitaux ? Par l'achat. Or, pour acheter n'importe quoi, il faut du numéraire, de l'argent ou de l'or. Mais comment se le procurer, ce numéraire ? Par un appel de fonds ? ? A qui demandera-t-on de l'argent, et de quelle manière s'y prendra-t-on pour obtenir cet argent ? ? ? Il n'y a que deux voies régulières pour cela : la donation ou l'emprunt. Seulement, il y a lieu de faire observer que l'emprunt n'est guère possible à des gens doués sans aucun doute de la meilleure volonté du monde, ainsi que de l'intention la plus sincère de rembourser leur prêteur, mais, d'un autre côté, ne présentant aucune garantie matérielle. Comme tout homme peut mourir d'un moment à l'autre, la garantie morale, condition nécessaire et même primordiale de crédit, n'en saurait être une condition suffisante. Donc, les ouvriers désireux de monter une entreprise collective, n'ont guère à compter sur l'emprunt. C'est dur, c'est cruel ; mais c'est exact.

Le second moyen régulier d'acquérir tout d'un coup le numéraire absent, consisterait à recevoir une donation. Oh ! ce serait plus commode, plus agréable et surtout plus avantageux en un sens, que de recourir à un emprunt. Certes, l'emprunteur doit rendre, au terme convenu, la somme prêtée, et, de plus, payer le service périodique des intérêts ; tandis que le donataire est affranchi de cette obligation.

La donation semble, de la sorte, préférable à l'emprunt. De plus, elle est faisable, au lieu que le prêt — nous l'avons démontré sans peine — est impossible.

***

Il ne restera plus alors qu'à recourir à la bourse d'un riche et munificent donateur ou d'une généreuse donatrice. De plus, on provoquera d'innombrables souscriptions par petites sommes au moyen des journaux. — Mais un pareil procédé ne laisse pas que d'être contraire à l'esprit du Socialisme, dont le Collectivisme se pique de représenter la quintessence ! En effet, l'idéal socialiste est la justice et l'équité, abstraction faite de toute considération de bienfaisance et de générosité (pour ne pas employer le terme charité, lequel pourrait évoquer une arrière-pensée d'humiliation, et, de plus, exhale un parfum de mysticisme hors de saison). Bref, le Socialiste sincère et véritable, digne de ce nom, est fier ; celui qui sollicite un don ne l'est pas. Bien que tout cela soit facile à comprendre de prime-abord, nous en fournirons plus loin la preuve. Et cette preuve ne sera point inutile, ni même superflue, car il y a des vérités qui, bien que faciles à comprendre, sont difficiles à sentir : le cœur humain a besoin parfois d'une évidence spéciale, postérieure à celle du cerveau.

***

De la sorte, un socialiste qui reçoit un don, si minime soit ce don, se montre inconséquent avec les principes socialistes. De plus, en agissant ainsi, notre homme s'enlise dans une impasse d'où il ne lui sera possible de sortir qu'à la condition d'y laisser son honneur et sa dignité. Car, alors, de deux choses l'une : ou bien le socialiste bénéficiaire de la donation oubliera le bienfait, si même il ne va pas jusqu'à se moquer du désintéressement de son bienfaiteur, et il se conduira en ingrat, en homme injuste : ou, au contraire, il gardera à son bienfaiteur la reconnaissance que, suivant les règles les plus élémentaires de la loyauté ainsi que de l'honneur, il doit à ce dernier ; mais alors, il foulera aux pieds du donateur le drapeau du Socialisme. Adieu sa dignité ! Adieu pareillement sa liberté d'action ! !

***

Dans un cas comme dans l'autre, le bénéficiaire de la donation se constituera l'homme lige, le vassal, l'esclave, le serf, ou tout au moins le valet de la personne à la main généreuse. Sans compter la médisance à laquelle peut donner prise l'intervention d'une main généreuse, lorsque cette main est féminine. Car il n'est pas téméraire de supposer que le plus souvent la donation gracieuse d'une forte somme en vue de favoriser la formation d'une entreprise ouvrière, émanerait d'une femme à l'imagination romanesque, au cœur tendre et compatissant, à l'intelligence accessible à toutes les questions possibles et impossibles, sauf pourtant à la question terre à terre de chiffres, de commerce, de doit et avoir, de balance des comptes, de machinisme, formant la base de la vie matérielle.

A un autre point de vue, la fourniture des capitaux, en apparence gratuite, ne pourrait être effectuée que par un ou plusieurs hauts barons de la finance, lesquels achèteraient, au prix de la somme par eux procurée, la reconnaissance servile autant qu'éternelle des donataires, et de plus, une influence générale leur permettant de jouer ou au Gessler ou aux Trente Tyrans.

* * *

Tout ce que nous venons de dire suppose que la donation a été faite librement, sans pression aucune. Car il coule de source que, si elle avait été extorquée par supercherie, elle serait le fait d'un escroc ; dans les cas de violence, de contrainte physique ou même morale, de menace, d'intimidation, le bénéficiaire revêtirait le caractère infâme de vulgaire maître-chanteur.

Un socialiste digne de ce nom, tel que Proudhon, aspire à toute la justice et rien qu'à la justice. Or, quel principe de justice peut contraindre quelqu'un à faire un don ? Un socialiste véritable ne veut pas plus avoir de reconnaissance éternelle envers autrui, qu'assujettir autrui à un pareil lien vis-à-vis de sa personne. Ni orgueilleux ni humble, mais fier et digne : telle est sa devise, et telle sa ligne de conduite.

De plus, admettons que, par un enchantement magique, les ouvriers se trouvent soudain munis des capitaux désirables, sans les devoir à personne. Animés, comme nous n'avons pas cessé de le supposer, de cette sympathie intellectuelle qui leur communique à tous la même pensée simultanément : ils réussiront dans leur entreprise au delà même de leurs souhaits, au point de ne pas pouvoir suffire aux commandes. Et alors, par la force des choses, ils embaucheront d'autres ouvriers, lesquels leur obéiront et seront leurs salariés. Du reste, ils ne pourront pas agir autrement. En effet, les fondateurs de l'usine ouvrière ne consentiraient jamais, sous peine de jouer le rôle de dupes, à faire participer à leurs avantages sociaux de nouveaux venus qui n'ont pas couru leurs risques. D'ailleurs, ce ne serait point juste de la part de ces derniers d'accepter d'être mis sur le pied d'égalité avec leurs devanciers. Par conséquent, les nouveaux venus ne pourraient et ne devraient, en bonne justice, que se contenter du rôle d'ouvriers salariés de l'usine coopérative ouvrière. Les ouvriers fondateurs seraient alors de véritables patrons. Et de la sorte, on le voit : l'association coopérative de production est impuissante à supprimer le salariat, qui paraît être une conséquence inévitable de la grande production.

Que les Collectivistes cherchent un autre moyen de rendre praticable leur idéal !

Le salariat subsistera donc toujours, malgré toutes les tentatives de le remplacer par des sociétés coopératives de production. De telles associations, simple caricature du Collectivisme (à supposer même que le Collectivisme ne soit pas une chimère, une utopie de la raison), se bornent à remplacer un patron par une multitude de patrons. Et encore faudrait-il supposer : d'abord, que ces sociétés se fonderaient sans l'intervention d'une munificence quelconque — hypothèse assez peu vraisemblable ; — et ensuite, qu'elles réussiraient, par suite d'une entente parfaite autant que durable — hypothèse guère plus vraisemblable que la première. Mais jamais le salariat en lui-même, dans son principe, dans son essence, ne pourrait être supprimé par aucune société coopérative de production. Car le salariat paraît, jusqu'à preuve du contraire (preuve que ne nous fournissent point les préconiseurs de sociétés coopératives de production) le salariat paraît tenir à la force des choses.

CHAPITRE XIII

QUEL DEVRAIT ÊTRE LE VÉRITABLE RÔLE DES BOURSES DU TRAVAIL? — RECTIFICATION DU MODE DE CALCULER DES ÉCONOMISTES. — LES OUVRIERS SONT LES COLLABORATEURS DU PATRON. — SENS DES MOTS : COLLABORER, COLLABORATION, COLLABORATEUR.

L'institution des Bourses du Travail, due à l'initiative de M. de Molinari, répond certainement à quelque chose, à un besoin social. Que ce besoin social soit temporaire ou permanent, peu importe! Ce besoin existe : il est réel, il est actuel, il est pressant !! Nous n'avons pas à en savoir davantage ; cela nous suffit à constater. Certes, jusqu'à ce jour, les Bourses du Travail semblent n'avoir en rien compris leur véritable rôle. Elles s'imaginent peut-être qu'elles n'ont été instituées qu'en vue de se substituer aux Bureaux de placement, ou de faire double emploi avec ceux-ci.

Il n'y a par conséquent rien d'étonnant à ce qu'une aussi belle institution en soit arrivée à se rendre odieuse aux ouvriers. Sans nul doute, dans l'esprit de leur fondateur, les Bourses du Travail ont été créées en vue de rendre à la classe laborieuse de la Société de précieux services. Aussi devraient-elles jouir d'une popularité solide et brillante à la fois, comme toute popularité de bon aloi.

***

Après tout, il n'est jamais trop tard pour bien faire, et mieux vaut tard que jamais. En conséquence, les Bourses du Travail auront vite rattrapé le temps perdu dès qu'elles le voudront. Pour cela, il leur faudra se dégager au plus tôt de toute compromission avec les Bureaux de placement, « si odieux aux ouvriers », au dire même d'un économiste, M. Gide.

Si les Bourses du Travail comprenaient bien leur véritable rôle, elles encourageraient l'honnêteté, qui, quoi qu'on en dise, n'est pas un vain mot. Elles exerceraient alors sur la Société une influence moralisatrice! Si cette admirable institution s'appliquait à accomplir avec scrupule sa fonction sociale, sans jamais s'en écarter, quels services inappréciables ne rendrait-elle pas à la classe ouvrière, bien plus, à tous les travailleurs!!

***

D'une façon générale, les Bourses sont des établissements destinés à coter d'une manière authentique les valeurs sujettes à rapide fluctuation. Toutes les valeurs oscillent entre un maximum et un minimum. Or, la main-d'œuvre des ouvriers constitue une valeur. Cette valeur est susceptible d'être cotée en Bourse à l'instar du prix de n'importe quelle autre marchandise ou denrée, de n'importe quel effet public ou semi-public, titre de rente, etc. Il appartiendrait aux Bourses du Travail d'apprécier le taux des salaires, et d'abord, le minimum de ce taux.

***

Nous avons eu déjà l'occasion d'indiquer que les économistes se fondent sur le minimum du taux du profit pour arrêter le maximum du taux des salaires Et à la suite de cette constatation, nous nous sommes proposé de rectifier leur mode de calcul. Nous allons maintenant procéder à cette rectification.

On appelle profit de l'entrepreneur, non point sa recette brute provenant de la vente de ses articles produits, mais son bénéfice comme commerçant. Or, nul n'ignore que le bénéfice d'un commerçant consiste dans l'excédent du prix de vente de ses marchandises sur le prix de revient de celles-ci. Il appartient à chaque commerçant d'établir ses recettes et ses dépenses sur ses livres de comptabilité. C'est à chacun d'eux, et à lui seul, à vérifier ses comptes ; il y est du reste intéressé.

***

Partant de cette considération sèche, mais logique, il est permis de s'étonner que les économistes se soient évertués à rechercher les éléments du profit, alors qu'ils n'ont rien dit, ou à peu près, sur les éléments du salaire.

Les économistes auraient mieux fait de se montrer plus attentifs à cette partie de la Société qu'on appelle la classe ouvrière. De la sorte, ils ne risqueraient poit de paraître partiaux, ni de passer pour des courtisans de la bourgeoisie. Si encore les économistes s'étaient bornés à ne jamais s'écarter des expressions vagues de « loi de l'offre et de la demande », s'ils s'étaient ainsi abstenus de parler des éléments du profit ainsi que de ceux du salaire, l'on aurait pu attribuer leur silence autant à leur intention ferme de se montrer impartiaux, qu'à leur connaissance imparfaite de la sociologie.

*
* *

En bonne règle. les économistes auraient dû s'appliquer à analyser avec le même scrupule les éléments du salaire et ceux du profit. Ils ne parviendront jamais à donner une définition exacte de la valeur, définition satisfaisante pour l'esprit, — tant que l'étiage du taux des salaires n'aura pas été tracé.

J'avoue qu'une définition parfaite de la valeur, définition destinée à réconcilier socialistes et économistes, n'est pas chose facile. Dans tous les cas, elle ne sera possible qu'à la condition de commencer par établir d'une manière loyale l'étiage du taux des salaires : ce serait de la compétence des Bourses du Travail. Alors, il sera permis d'espérer que la science économique, la *ploutologie*, se trouvera sur le point d'être constituée.

De la sorte, le vœu formulé par Proudhon, dans le chapitre 1er de ses Contradictions économiques, sera bien près de se voir enfin exaucé !

*
* *

Avant de se livrer à l'étude du profit de l'entrepreneur, il y a lieu d'esquisser brièvement son rôle social, ainsi que son rôle juridique.

Au regard des tiers, c'est-à-dire du public, l'entrepreneur est seul en cause. Lui seul, en effet, achète, vend, commande; en un mot, contracte, stipule, s'oblige. Lui seul paie, encaisse et donne quittance en son nom. C'est un négociant unique, seul connu de ses fournisseurs ainsi que de ses clients.

Telle est la situation exacte de l'entrepreneur vis-à-vis du public sur le marché.

Au regard de son nombreux personnel d'ouvriers, sa situation est autre.

*
* *

Juridiquement parlant, il existe entre les ouvriers et le patron des rapports qui résultent d'un contrat de louage d'ouvrage ou d'industrie. En vertu de ce contrat de louage, le patron est débiteur du salaire convenu ; réciproquement, les ouvriers se trouvent créanciers du salaire. De plus, ils sont munis de par la loi d'un privilége, à l'effet de garantir le paiement de leur rémunération, par préférence aux autres créanciers du patron, en cas de faillite de celui-ci.— En échange de ce salaire convenu, le patron peut exiger, pendant un certain nombre d'heures déterminé de la journée, le travail manuel de ses subordonnés à son service exclusif.

*
* *

Le salaire constitue un forfait, c'est-à-dire un prix fixe, déterminé d'avance et invariable, quels que soient les évènements ultérieurs. Moyennant ce forfait, lesouvriers, qui conservent le droit de l'exiger en cas de mauvaises affaires du patron, n'ont rien à réclamer de lui en surplus, dans le cas de bénéfices considérables.

Il n'y a donc pas de société entre le patron et les ouvriers au sens juridique du mot. Mais, à un autre point de vue, il existe entre eux une espèce de société venant se greffer sur le contrat de louage d'ouvrage.

Au fait, les ouvriers, s'ils ne sont pas des associés au sens juridique du mot, sont du moins des collaborateurs. Les patrons eux-mêmes, ainsi que les économistes, ne refusent pas, — et nous en enregistrons le précieux aveu,— de reconnaître dans leurs ouvriers de vrais et d'indispensables collaborateurs. Un tel terme, celui de collaborateur, prouve d'abord que le patron est un travailleur (laborator). Du reste, les ouvriers de leur côté ne cessent pas de s'intituler les principaux collaborateurs de leur patron. Ils avouent de la sorte, d'une façon implicite, que ce dernier est lui aussi un travailleur, puisqu'il collabore, puisqu'il travaille avec eux. — La même expression de collaborateur prouve encore que les ouvriers aident le patron dans son travail, collaborent avec lui (collaborant, de cum, avec ; laborare, travailler). Or, l'idée de collaboration suppose la mutualité d'apport : essence de l'idée de société.

* * *

Tout en reconnaissant le danger qu'il y a de se payer de mots, il est permis d'espérer que la réconciliation des ouvriers et des patrons s'effectuera sur les termes de collaboration et de collaborateur. Au moins, avec ces mots, on sait où l'on va, l'on ne s'égare pas. La liberté du travail, l'initiative individuelle, une répartition des produits du travail plus conforme à l'équité ; en un mot, tous ces divers éléments disparates se trouveront soudain réunis et unifiés sous un même faisceau, l'idée de collaboration. Par ce moyen, le Socialisme prouvera qu'il n'est point incompatible avec la liberté et l'initiative individuelle.

CHAPITRE XIV

QU'ENTEND-ON PAR PROLÉTAIRES ? — L'EXISTENCE DES BANDES D'APACHES CONSTITUE UN SIGNE DES TEMPS

Avant d'indiquer le moyen juridique de greffer une société *sui generis* sur le contrat de louage d'ouvrage, commençons par nous occuper du minimum du taux des salaires. Ne perdons pas de vue, en effet, que l'adjonction d'un contrat de société au contrat de louage d'ouvrage, ressemble plus à un mélange qu'à une combinaison chimique. Or, dans tout mélange, chacun des éléments constitutifs conserve son identité propre, son individualité reconnaissable. Donc, le contrat de louage d'ouvrage subsiste toujours, et, avec lui, le droit au salaire déterminé d'avance et invariable dans son quantum.

*
* *

Les ouvriers salariés appartiennent à la classe sociale des prolétaires. On désigne sous ce terme les individus de l'un et de l'autre sexe, bien conformés physiquement, et, d'autre part, n'ayant aucune ressource pécuniaire de chez eux. Le mot prolétaire, par son étymologie (*proles* : lignée, descendance ; d'où dérive l'adjectif prolifique, de *proles* et de *facere*, faire) est compréhensible. Aptes à procréer : tels sont, avant tout, les prolétaires, considérés au point de vue biologique. Par conséquent destinés à perpétuer de génération en génération une lignée indéfinie de prolétaires à leur tour. Robustes et en parfaite santé, les prolétaires ne sauraient inspirer la compassion s'ils tendaient la main pour mendier. « Allez travailler, leur dirait-on avec brutalité. » — « Donnez-nous du travail, n'importe lequel, pourraient-ils répliquer, et nous ne mendierons plus et ne volerons jamais. »

Ce court dialogue montre toute la philosophie du prolétariat, que nous allons examiner avec les développements qu'elle comporte.

***

Les prolétaires sont, de la sorte, dotés avec plus de générosité par la nature que tous les crevés, gommeux et fashionables de la bourgeoisie. Aussi, l'ai-je dit, n'inspireraient-ils aucune compassion s'ils demandaient l'aumône. Ils sont, sous le rapport physique, organisés pour se livrer à un travail suivi, et pour rendre ainsi d'appréciables services.

Mais, d'autre part, — et ce second point de vue représente la revanche des crevés, gommeux et fashionables cités plus haut, — les prolétaires se trouvent traités avec une cruelle défaveur par la chance pécuniaire. Ils n'ont en effet, reçu dans leur berceau aucune fortune en héritage ni même en expectative ; leur patrimoine, par suite, se trouve réduit à zéro fr. zéro centime. Par conséquent, ils n'ont à compter que sur eux-mêmes et sur eux seuls. Bref, — et soit dit sans les humilier — ils n'ont pas le sou. Aussi, leur situation est on ne peut plus précaire. Ils sont mal armés pour le combat de la vie, se trouvant dans l'impossibilité la plus complète d'entreprendre quoi que ce soit, et surtout de trouver du crédit. Que faire alors ? Mendier ?? Ce moyen, je l'ai déjà montré, ne leur réussirait guère. — Devenir bandits, brigands, voleurs, assassins, étrangleurs, Apaches, incendiaires, dynamiteurs, et, par ces moyens violents, terroriser la population ? Mais ce second moyen de vivre ne leur réussirait qu'un certain temps. En effet, quand ils auraient pillé, volé, spolié tous les possédants, après les avoir exterminés au préalable, je le leur demande : quelles ressources auraient-ils de par la suite ?? Ils en arriveraient à se massacrer entre eux, nul n'en doute. Eux-mêmes ne l'ignorent pas, car au fond, ils comprennent très bien que la spoliation n'a jamais enrichi et ne peut pas enrichir le spoliateur au delà d'un laps de temps assez court.

A vrai dire, ce serait plutôt par dépit, par coup de tête (peut-être aussi sous l'influence d'un meneur haineux de la Société) que des prolétaires se résoudraient à former des associations de malfaiteurs, et à troubler ainsi l'ordre social. Du reste, l'histoire, — qui n'est qu'un éternel recommencement, — nous apprend que dans l'ancienne Rome et en Grèce, il y a eu par moments des soulèvements populaires, des révoltes d'esclaves et de prolétaires (1). La formation de bandes d'Apaches ne serait pas autre chose, sous un nom différent.

Sans nul doute, les esclaves et les prolétaires de

(1) Preuve que dans l'antiquité le prolétariat se différenciait de l'esclavage, ainsi que nous l'avons indiqué quelques pages plus haut.

l'antiquité ne se seraient jamais soulevés, s'ils n'y avaient été poussés par les mauvais traitements dont ils souffraient. De même, de nos jours, les prolétaires n'iront jamais, de gaîté de cœur, s'amuser à semer l'épouvante dans la Société, pour peu que celle-ci se montre accessible à la justice.

*
* *

Les prolétaires, pour vivre, ont un troisième moyen, le seul honnête. Ce moyen consiste à s'embaucher au profit d'autrui. En général, ce sera pour le compte d'un entrepreneur d'industrie, moyennant un salaire périodique en argent, que ce dernier s'engage à leur payer en échange de leurs services, dont il entend rester le créancier exclusif. Toutes les fois que les prolétaires emploient ce troisième moyen, ils prouvent leur intention primitive et foncière de se conduire en braves gens, en travailleurs utiles.

Le prolétaire qui court après un patron pour chercher de l'ouvrage, révèle déjà, par ce fait même, le sentiment d'honneur qui l'anime, il tient à gagner honorablement sa vie. — Notre homme pourra, de par la suite, mal tourner, se dévoyer, et devenir un terrible malfaiteur, si la Société le décourage de se bien conduire. Mais toujours est-il que, pour le moment, quand il cherche de la besogne, il manifeste la volonté d'être honnête et courageux au travail. Car ce n'est pas un de ces paresseux invétérés, dont nous avons parlé plus haut comme n'ayant pas le droit de se réclamer du Socialisme : véritables brebis galeuses du prolétariat, qu'ils déshonorent.

*
* *

Ainsi donc, le prolétaire qui court après un patron révèle son intention d'être honnête ; rien qu'à ce titre, il est intéressant. S'il réussit à s'embaucher de manière a pouvoir vivre honnêtement et donner le bon exemple à sa famille, cet homme-là est capable de devenir un auxiliaire précieux de la production et un excellent ouvrier. Alors, il persistera dans sa volonté de se conduire en honnête homme. — Dans le cas contraire, il deviendra, sans qu'il y ait tout à fait de sa faute, un mauvais sujet et un être nuisible. Comme il rencontrerait grand nombre d'imitateurs, notre homme aurait vite formé une bande d'étrangleurs, d'incendiaires ou de dynamiteurs : surtout de dynamiteurs, à cause de la vulgarisation des connaissances de synthèse chimique.

Bref, l'intention du prolétaire de persévérer dans la voie de l'honnêteté ne le quittera pas un instant ; bien plus, pareille intention s'accentuera davantage et se fortifiera sans cesse. Mais, bien entendu, il en sera ainsi à la condition qu'on le traite convenablement.

***

L'ouvrier sera convenablement traité, d'abord, si, en échange de ses efforts on lui paie un salaire toujours suffisant pour vivre lui et sa famille, d'une manière décente et correcte. La seconde condition pour que l'ouvrier soit traité convenablement, c'est qu'on ne le méprise pas. Or, c'est le mépriser que de le considérer comme une bête de somme, comme un esclave,comme un serf à la glèbe, ou comme une machine à vapeur qu'on alimente de combustible. C'est encore le mépriser que de ne le ménager que par peur, à l'instar d'un chien auquel, afin d'éviter d'être mordu par lui, on donnerait un os moelleux et entouré de beaucoup de viande. Loin de là! c'est au nom d'un principe de justice que le travailleur manuel désire être convenablement traité. Sinon, son intention primitive d'être honnête s'évanouira. Et notez que notre homme, forcé de dévier du sentier de la droiture qu'il s'était à lui-même tracé, souffrira amèrement de se voir réduit à devenir un mauvais sujet. Il fera souffrir les autres ensuite, histoire de se venger de la Société; mais, du même coup, il souffrira, lui aussi, et d'une façon poignante, croyez-le bien.

En effet, la douleur, ainsi que le montre M. Ribot dans son ouvrage: « *la Psychologie des Sentiments* », est un indice, un symptôme qu'une tendance fondamentale de l'homme n'est pas satisfaite. Or, à part les monstres psychologiques cités plus haut, tous les êtres humains vivant en société ont une tendance innée à sympathiser, ne serait-ce qu'au point de vue biologique. La sympathie biologique, jointe au sain amour-propre ou sentiment de l'honneur (qu'il faut éviter de confondre avec l'orgueil ou mauvais amour-propre), constitue déjà l'embryon du sentiment de la morale. Cette tendance se traduit dans la conscience par le sentiment moral; que la susdite tendance se trouve contrariée, il en résultera de la douleur.

***

Nous ne saurions assez répéter que les prolétaires, découragés de rester honnêtes au sein d'une société d'un bourgeoisisme égoïste et étroit, deviendront des ennemis de l'ordre social. En nous exprimant ainsi, nous pouvons sembler à première vue dicter leur conduite; nous avons l'air de nous exprimer sur un ton comminatoire Il n'en est rien ; nous nous bornons à constater une éventualité renfermée virtuellement dans une réalité actuelle. Qui ne sait, par la lecture des journaux, qu'il existe à Paris des bandes d'Apaches qui terrorisent la capitale? De pareilles bandes augmentent sans cesse. N'est-ce pas un symptôme, un signe des temps, que l'existence dans notre civilisation de bandes de parias de la Société, s'affublant de noms de sauvages de l'Amérique ?? Nous nous trouvons ici en présence d'un phénomène sociologique qu'aucun économiste ne songe à étudier. Un criminologiste non plus ne s'en occuperait, car au fond les Apaches ne sont peut-être pas des criminels-nés.

***

Un pareil phénomène sociologique doit avoir une cause, attendu que tout fait dépend d'une cause. De plus, même au point de vue des philosophes agnosticistes, la cause de ce phénomène appartient en plein au domaine du connaissable. Elle ne saurait dépasser les limites de l'intelligence humaine. En effet, tout phénomène sociologique résulte de la volonté d'une agglomération assez nombreuse de cerveaux humains. Or, si les individualités ne peuvent jamais être connues en elles-mêmes, du moins l'intelligence peut arriver à connaître à fond les ensembles. Aucun agnosticiste ne me contredira, à moins de se transformer en sophiste. Donc, la cause de l'existence, au milieu de notre civilisation, de bandes d'Apaches, est parfaitement connaissable. On doit arriver à la déterminer. Il s'agit de rechercher la susdite cause, et nous sommes sur le point de la découvrir.

CHAPITRE XV

LES BANDES D'APACHES DISPARAITRONT PEU A PEU, QUAND ON CONNAITRA LE MINIMUM DU TAUX DES SALAIRES. — LES GRÈVES CESSERONT AUSSI, ET LA PAIX SOCIALE APPARAITRA. — LES GRÈVES ET LES LOCKOUTS : LES FOULES-COMBINAISON ET LES FOULES-MÉLANGE.

Lorsque l'on connaîtra le minimum du taux des salaires, il n'y aura plus d'Apaches. Car ces audacieux individus, qui effraient la police, se recrutent en grande partie parmi les ouvriers et ouvrières en rupture d'atelier. Il incombe donc aux Bourses du Travail de déterminer au plus vite ce fameux minimum du taux des salaires. La paix sociale en dépend. Par conséquent, on le voit : un tel sujet mérite d'être examiné de près.

Les Bourses du Travail serviraient d'intermédiaires entre les ouvriers et le patron, ces deux représentants du travail productif.

Il va sans dire que, par mesure de garantie de leur complète impartialité, elles seraient composées en nombre égal de patrons et d'ouvriers, à l'imitation des Conseils des Prud'hommes. Mais, d'autre part, il ne faudrait pas que, pour cesser de faire double emploi avec les Bureaux de placement, les Bourses du Travail se missent à faire double emploi avec les Conseils des Prud'hommes. Les Bourses du Travail, jalouses de leur individualité, ne doivent jamais se confondre avec n'importe quelle autre institution. Les Conseils des Prud'hommes sont des Tribunaux, et les Bourses du Travail, les intermédiaires entre le travail manuel et le travail intellectuel. Il va sans dire que les Conseils de Prud'hommes étant des tribunaux, leur compétence s'appliquerait aux litiges entre patrons et ouvriers. Au contraire, les Bourses du Travail auraient pour mission d'harmoniser dans les grandes lignes les intérêts des uns et des autres, de façon à éviter des procès, sans toutefois empiéter sur le rôle des Conseils des Prud'hommes par des transactions. Ainsi, la compétence d'intermédiaires, caractéristique des Bourses du Travail, se restreindrait aux vues d'ensemble, aux considérations générales, aux principes, en un mot. La connaissance des affaires litigieuses, soit pour les transiger, soit pour les juger, ne saurait en rien leur appartenir. Or, les affaires litigieuses sont des cas particuliers, des points de détail, des applications d'un principe général.

***

Le jour où les Bourses du Travail connaîtront leur véritable rôle, il n'y aura plus de grèves. Alors les travailleurs débattront eux-mêmes, librement, leurs intérêts respectifs. Ils ne se laisseront plus mener par les charlatans du Socialisme. Car, il n'y a pas à en douter, neuf fois sur dix, les ouvriers ne se mettent en grève que grisés et suggestionnés par les phrases pompeuses des faux socialistes. Il ne coûte rien à ces derniers de faire des phrases séduisantes et captivantes quant à la forme et à la rhétorique, mais vides de sens quant au fonds, quant à la dialectique serrée, et surtout quant à la connaissance véritable, même superficielle, de la question sociale. Il est vrai qu'ils s'en soucient assez peu, puisqu'ils ne la considèrent que comme un moyen de servir leur ambition.

***

Aucun de ces charlatans du Socialisme n'a encore pu faire hausser d'un centime par jour, par mois, par an, le salaire des ouvriers, ni faire diminuer d'une seconde la durée du travail journalier. Ce n'est pourtant pas faute de nombreuses grèves, fomentées par eux seuls. Plus incendiaires que pompiers, ils sont beaucoup plus capables d'en allumer le feu que de l'éteindre. Il est vrai qu'ils savent en éviter les atteintes. avec le plus complet dédain à l'égard des ouvriers, qu'ils ont ainsi menés à la guerre, et qu'ils abandonnent au dernier moment. Et alors, les grévistes, désorientés, capitulent. Ce n'était donc pas la peine d'entrer en campagne pour obtenir un résultat purement négatif.

Voilà comment les grèves, — l'expérience le démontre toujours, — paraissent condamnées à demeurer inefficaces.

***

Voici maintenant le pourquoi de leur inefficacité. Les ouvriers, prompts à se laisser monter la tête, négligent d'accorder une seule minute à la réflexion. Il est vrai qu'il n'en saurait être autrement. En effet, au moment où ils entrent en grève, les ouvriers perdent tous leur personnalité propre pour se transformer en foule psychologique. Ils se placent alors d'instinct, ainsi que toutes les foules, sous l'égide d'un meneur. Or, ainsi que nous le montre M. le Docteur Gustave Le Bon, dans son ouvrage : « *La Psychologie des Foules* », l'être résiduel que constitue une foule psychologique est impulsif, mobile et irritable. La suggestibilité et la crédulité caractérisent toutes les foules psychologiques, portées à l'exagération et au simplisme. De plus, les foules ne sont jamais influençables par des raisonnements. Ce n'est point à dire que les foules ne raisonnent pas ou raisonnent mal ; mais leurs raisonnements sont toujours d'ordre très inférieur. Et la raison venant du dehors, n'a aucune prise sur elles. Au contraire même, les foules, en vertu de leur intolérance et de leur autoritarisme, considèreraient comme un menteur et comme un ennemi quiconque leur parlerait raison. Elles aiment à être flattées, et la raison n'est jamais flatteuse de sa nature.

***

Toujours est-il que les ouvriers, une fois transformés en foule psychologique pour se mettre en grève, deviennent incapables de raisonner sainement. Si, par impossible tant qu'ils sont foule psychologique, ils conservaient leur lucidité d'esprit, ils apercevraient sans plus tarder la présence d'un écueil dangereux.

Les patrons, eux aussi, peuvent de leur côté s'organiser de manière à opposer aux grèves des lockouts. Or, ainsi que nous allons le voir, les lockouts sont, quoi qu'on en dise et malgré l'apparence, beaucoup plus formidables pour les ouvriers que les grèves ne le sont pour les patrons.

***

Si je disais qu'au premier abord les grèves paraissent aux ouvriers plus formidables que les lockouts, je serais au dessous de la vérité. Car supposer pareillé chose serait admettre d'emblée la possibilité des lockouts. En effet, qualifier les grèves de plus formidables que les lockouts, ce serait les comparer à ces derniers. Or, dans toute comparaison, l'esprit comparateur pense simultanément aux deux termes de la comparaison ; par conséquent, ce serait admettre l'existence des lockouts, mis en parallèle avec les grèves. — En outre, la pensée que les grèves sont beaucoup plus formidables que les lockouts, implique celle que les lockouts sont déjà redoutables : à un degré moindre sans doute, mais redoutables tout de même.

***

Les ouvriers, quand ils se mettent ou sont sur le point de se mettre en grève, ne pensent pas aux lockouts que les patrons peuvent leur opposer. Ils n'entrevoient même pas la possibilité d'une pareille riposte de ces derniers. Ils considèrent la grève comme une arme formidable, comme la plus formidable de toutes sans contredit. Elle constitue à leurs yeux un argument infaillible et sans réplique. Le comparatif de supériorité « plus formidable que.... » n'exprimerait pas dans leur imagination le degré suffisant de signification de l'adjectif formidable employé au positif. Aussi, sans hésiter, s'expriment-ils au superlatif, et, qui plus est, à la fois au superlatif absolu et au superlatif relatif.

***

De la sorte, les ouvriers sont plus que dans l'erreur, ils se trouvent plongés dans l'ignorance complète de la réalité des choses, tant qu'ils ne songent point à la possibilité des lockouts. L'ignorance est sans aucun doute pire, et de beaucoup, que la simple erreur. Car elle signifie la privation absolue de la connaissance, même de la plus vague aperception, même du doute. L'ignorance représente l'état de l'obscurité de l'esprit désireux de voir, en d'autre terme, intelligent. L'intelligence, étant pour ainsi dire le contenant, et la connaissance le contenu, l'esprit plongé dans l'ignorance ressemble à un contenant vide de tout contenu et cherchant à combler ce vide. On pourrait la symboliser par le noir, qui représente l'absence totale de lumière, et même de simple couleur. « L'ignorance est un rétrécissement, une limite. » (1)

Bien moins grave, et dans tous les cas beaucoup plus curable est l'erreur, simple vue inexacte de l'esprit. D'ailleurs, — et Proudhon l'a déclaré dans son ouvrage : « *Qu'est-ce que la Propriété?* » — les erreurs sont souvent des degrés nécessaires à franchir pour arriver à la vérité.

(1) Ribot « Psychologie des Sentiments », IIe partie, chap. XI, le Sentiment intellectuel, page 373 in fine, édition Félix Alcan, Paris 1903.

Tandis que l'ignorance représente l'état d'obscurité de l'esprit avide de connaître, l'erreur n'est autre chose que la couleur fallacieuse qui éclaire l'intelligence d'un jour incomplet et trompeur. La connaissance insuffisante, mais non erronnée, devrait être symbolysée par la couleur adéquate, et la pleine possession de la vérité, par le blanc, synthèse des couleurs primitives du spectre solaire.

***

Une fois qu'on aura démontré aux ouvriers la possibilité des lockouts, leurs yeux seront du même coup dessillés. Mais les entêtés ne sortiront de leur ignorance que pour tomber dans une grave erreur. Ils s'imagineront que les lockouts ne sont pas aussi formidables que les grèves. Erreur de leur part ! Ils appuieront cette erreur sur une considératton spécieuse. C'est d'ailleurs le propre de toute erreur de reposer sur un fondement en apparence solide et rationnel. A première vue, l'erreur paraît plausible.

Ainsi, les ouvriers, pleins de confiance en leur nombre, s'écrieront sur un ton enthousiaste qu'ils sont la force. Il est certain que leur nombre est de beaucoup supérieur à celui des patrons. Mais, ainsi que nous le verrons, ce n'est pas une raison pour que les grèves soient plus redoutables que les lockouts. Loin de là, c'est tout le contraire. Nous allons en voir la raison.

***

D'abord qu'entend-on par lockouts ?

Ce terme désigne des coalitions de patrons qui s'entendent pour fermer simultanément leurs ateliers, de manière à forcer par là leurs ouvriers à capituler, c'est-à-dire à renoncer à leurs prétentions.

Les lockouts forment, pour ainsi dire, le pendant symétrique, la contre-partie des grèves ouvrières. En d'autre terme, ils représentent la grève des patrons.

***

Entre la grève ouvrière et le lockout patronal, il existe un rapport d'opposition, d'inversion, de contrariété. « Deux choses opposées, inverses, contraires, ont pour caractère propre de présenter une différence qui consiste dans leur similitude même, ou, si l'on aime mieux, de présenter une ressemblance qui consiste à différer le plus possible. » (1) La similitude qui relie ensemble les grèves et les lockouts, c'est le caractère commun de coalition formée en vue et avec espoir d'obliger l'adversaire à capituler. Quant à la différence qui les sépare, elle consiste en ceci, que les grèves constituent des foules-combinaison, les lockouts étant foules-mélange.

***

Que faut-il entendre par ces expressions, jusqu'à présent inconnues, de foules-combinaison et de foules-mélange? La foule-combinaison, c'est la foule psychologique, telle que la comprend et la dépeint, d'une manière un peu trop exclusive, M. Gustave Le Bon,

(1) Tarde, « L'Opposition Universelle », chap. Ier, l'Idée d'opposition, I, page 1, édition Félix Alcan, Paris 1897.

dans son ouvrage « *La Psychologie des foules* ». En effet, dans la foule ainsi entendue, « il y a combinaison et création de nouveaux caractères, de même qu'en chimie certains éléments mis en présence, les bases et les acides par exemple, se combinent pour former un corps nouveau possédant des propriétés tout à fait différentes de celles des corps ayant servi à le constituer. » (1)

*
* *

A la différence de la foule-combinaison, la foule-mélange est un agrégat d'individualités dans lequel il y a somme et moyenne des éléments. Ici, chaque individualité conserve sa marque reconnaissable, à l'instar d'un simple mélange en chimie. M. Herbert Spencer n'a vu dans toute foule qu'un agrégat-mélange. M. Gustave Le Bon, qui a découvert le caractère combinatoire de certaines foules, même peut-être de la plupart des foules, n'a pas reconnu la vérité partielle aperçue par Herbert Spencer. Aussi, s'en montre-t-il quelque peu choqué. Pourtant, la vérité partielle de Spencer ne contredit en rien la vérité plus profonde découverte par M. Le Bon. L'existence en chimie des mélanges contredit-elle celle des combinaisons ? Bien plus, toute combinaison suppose au préalable un mélange intime des substances rapprochées. Il est même permis d'affirmer qu'une foule-combinaison a commencé par être une foule-mélange, pendant un laps de temps imperceptible à force d'être court, un instant de raison. D'où il ne faudrait pas conclure que les

(1) Gustave Le Bon, « Psychologie des foules », livre Ier, chaditre Ier, page 15 in fine, édition Félix Alcan, Paris 1900.

foules-mélange se transforment toujours en foules-combinaison. Ces deux caractères demeurent distincts, bien que non toujours incompatibles.

*
* *

Les grèves ouvrières constituent des foules-combinaison, et les lockouts patronaux des foules-mélange. A raison de ce fait que les lockouts représentent des foules-mélange, ils sont plus redoutables que les grèves. En effet, dans tout lockout, la personnalité individuelle de chaque patron ne s'évanouit point pour former l'unité mentale d'une foule. Par conséquent, chacun d'eux conserve son sang-froid, ainsi que sa volonté consciente. Ils se trouvent pour ainsi dire volontairement juxtaposés, mais non suggestivement unifiés.

Aussi, cela se comprend, les patrons en état de lockout sont-ils en mesure de discuter froidement les projets qu'ils élaborent en commun, en vue de forcer les ouvriers à mettre les pouces. L'on ne saurait s'imaginer quel degré de force confère aux lockouts ce caractère de foule-mélange. Chaque patron, préoccupé de sa seule situation, expose à ses collègues son plan personnel. Ils se communiquent ainsi leurs impressions, et échangent leurs vues. Ils arrivent toujours à s'entendre, car ils ont pour eux l'avantage du sang-froid.

Les ouvriers en révolte n'ont qu'à accepter la baisse de prix, ainsi que l'augmentation du nombre d'heures de travail. Sinon, les patrons en état de lockout menaceraient les ouvriers de les remplacer de suite par des prolétaires venus de l'étranger ; ils feraient plutôt venir, au besoin, des nègres ou des coolies asiatiques, gens d'une sobriété légendaire.

Je pense qu'après la lecture des lignes qui précèdent, l'on cessera de croire que les grèves sont plus formidables que les lockouts. L'on comprendra, au contraire, que les lockouts présentent plus de dangers pour les ouvriers, que les grèves n'en font courir aux patrons. Les grèves se retournent en général, pour ne pas dire toujours, contre ceux qui espèrent en elles. De plus, elles ne profitent jamais qu'aux charlatans du Socialisme, meneurs de foules, lesquels savent très bien abandonner leurs menés au moment du grabuge.

Les Bourses du Travail auront donc rendu un signalé service à la cause du prolétariat, le jour où elles connaîtront enfin leur véritable rôle. Ce jour-là, les grèves, ainsi que les lockouts, n'existeront plus que comme souvenir historique.

CHAPITRE XVI

LES BOURSES DU TRAVAIL DEVRONT, EN VUE DE DÉTERMINER LE MINIMUM DU TAUX DES SALAIRES, COMMENCER PAR EXAMINER LES RAPPORTS DU PATRON ET DES OUVRIERS, AU POINT DE VUE SOCIALISTE.

Les Bourses du Travail auraient tout d'abord à porter leur attention sur le sort de l'ouvrier. Ensuite, elles examineraient minutieusement les rapports qui relient les patrons et les ouvriers, ces deux représentants du travail productif.

Pour se livrer à un pareil examen, elles commenceraient au préalable par caractériser avec netteté, par déterminer d'une manière précise la situation juridique exacte du patron et de ses ouvriers, situation considérée au point de vue socialiste. Car il existe une différence notable dans le sort de l'ouvrier, suivant que ses rapports avec son patron sont envisagés au point de vue bourgeois, ou bien suivant qu'ils le sont au point de vue socialiste.

Ainsi, d'après le système bourgeois, le seul jusqu'à ce jour préconisé par les économistes, ces rapports se réduisent à un pur contrat de louage d'ouvrage. A la différence du point de vue bourgeois, la conception socialiste, beaucoup plus large et plus juste, tend à greffer juridiquement un contrat de société sur un contrat de louage d'ouvrage. La chose, ainsi que nous le verrons de par la suite, n'a rien d'impossible en soi, ni même d'invraisemblable. Bien plus, — et nous le montrerons par des exemples, — un tel greffage d'un contrat sur un autre contrat ne constitue même pas une nouveauté dans l'ordre juridique. A plus forte raison, est-il encore moins une anomalie.

***

Aux Bourses du Travail incombera le soin d'effectuer le greffage d'un contrat de société sur celui de louage d'ouvrage. Mais, à raison de cette règle logique qu'en toutes choses il faut commencer par le commencement, il s'agit de connaître ce commencement. Or, la recherche du minimum du taux des salaires représente le préliminaire indispensable. Car, tant que le Collectivisme n'aura pas supprimé le salariat pour le remplacer par une institution réalisable et définitive, le contrat de salaire subsistera. Le greffage d'une société sur un louage d'ouvrage ne saurait, en effet, ainsi que nous le verrons, revêtir qu'un caractère de mélange. Nous y reviendrons, du reste, en temps utile.

Les Bourses du Travail s'appliqueront donc d'abord à rechercher le minimum du taux des salaires. Une fois qu'elles l'auront trouvé, la question sociale sera près d'être résolue. Non point, sans doute, à la façon que les Collectivistes l'entendent. Mais, encore une fois, je ne saurais trop insister sur ce point, que ces Messieurs réalisent une bonne fois pour toutes leur programme, dont ils parlent depuis si longtemps. Alors, le projet que nous formons tombera de lui-même ; il n'aurait ainsi servi que d'une manière transitoire.

Quant au maximum de ce taux, les Bourses du Travail n'auront guère à en parler, attendu que déjà nous le connaissons par la lecture de n'importe quel traité d'Economie politique. Il est de fait, en effet, que l'on voit facilement ce qu'on désire voir. Or, les patrons, cela se conçoit, désirent ne penser qu'au maximum du taux des salaires. Aussi, soyez-en sûr, l'auront-ils vite découvert, et sans avoir besoin de jeter les yeux sur aucun ouvrage économique. De même, soyez-en également sûr, ils ne dépasseront jamais ce maximum. Bien plus, ils ne l'atteindront pas même. En effet, le salaire des gens de travail figure parmi les frais généraux ; il représente une partie du prix de revient. Voilà pourquoi les patrons tiennent, par dessus tout, à ne pas même atteindre le maximum du taux des salaires. De la sorte, ils réalisent un profit supplémentaire, lequel est d'autant plus grand qu'il s'écarte davantage de ce maximum.

Les économistes, d'autre part, arrivent à la rescousse. Ces écrivains, courtisans de la bourgeoisie, s'imaginent sans doute être à l'abri de toute critique, en tenant des discours dans le genre de celui-ci : « Les ouvriers sont subordonnés au patron comme « celui-ci l'est au public. Aussi, ne peuvent-ils pas « élever trop haut leurs prétentions, pas plus d'ailleurs « que le patron lui-même ne saurait espérer vendre « ses produits au-dessus du prix représentatif des

« désirs du public. Sinon, il ne vendrait point ses « produits, qui, de la sorte, lui resteraient pour compte. « Et avec quoi paierait-il alors ses collaborateurs ? « De même, si les ouvriers persistaient à exiger plus « qu'ils ne peuvent logiquement espérer, les patrons, « ne pouvant continuer de travailler, fermeraient « l'atelier. Sans doute, les susdits patrons n'en « vivraient pas pour cela de leurs rentes ; mais, ce « qu'il y a d'indubitable, c'est que les nombreux « ouvriers, licenciés par suite de la faillite de « l'entrepreneur, se trouveraient sur le pavé, ré- « duits à la misère. » Tels sont les conseils que Messieurs les économistes ne se font jamais faute de donner et de prodiguer aux ouvriers. Au besoin, ils les agrémentent d'exhortations à la sobriété, à la tempérance, et à une sage direction de leurs dépenses, lesquelles ne peuvent être que de menues dépenses. Sans doute, les économistes ne poussent pas l'amère raillerie jusqu'à engager les ouvriers à économiser, (pourquoi pas à thésauriser ?) car ils n'ignorent pas que l'épargne est impossible à quiconque vit au jour le jour. Mais ils n'en sont pas moins partiaux, et, ce qui le prouve, c'est que, tout en ayant l'air de s'intéresser aux ouvriers, ils ne visent au fond que l'intérêt du patron, le futur bourgeois.

***

Il est de fait que les économistes cherchent tous les moyens de maintenir en bonne santé la nombreuse classe ouvrière. A la rigueur même, ils s'élèvent parfois contre le Malthusianisme, et paraissent voir d'un œil favorable la propagation du prolétariat. De la sorte, il leur est facile de se donner des airs de patriotes et d'humanitaires à la fois, alors qu'ils n'ont, je le répète, d'autre objectif que l'intérêt patronal bien entendu. Apparemment, avec toutes leurs mesures de bien-être relatif, les économistes souhaitent le maintien des classes ouvrières en bonne santé ; ils vont même jusqu'à désirer leur accroissement numérique par voie de reproduction. Mais, entendons-nous, ils ne sont animés en rien par un sentiment, je ne dirais pas de bienveillance, mais de simple justice, à l'égard des déshérités du sort. Au fond, ils ne visent que l'intérêt patronal.

Ils se bornent à provoquer la baisse continuelle du prix de la main-d'œuvre, par suite de l'augmentation numérique des bras en quête de labeur. Ils ne doivent pas s'étonner, et encore moins se fâcher, de s'entendre traiter de partiaux. Certes, ils sont partiaux. S'ils n'étaient point partiaux, ils seraient incapables d'une manière absolue d'établir l'assiette d'une valeur quelconque, c'est-à-dire l'amplitude d'oscillation entre le maximum et le minimum de ladite valeur. Or, ils ont bien su se donner la peine de trouver l'assiette du cours du change. Pourquoi n'ont-ils pas recherché l'assiette du cours de la main-d'œuvre? Par suite de leur indifférence et de leur dédain à l'égard des classes ouvrières. Donc, ils sont partiaux.

Aux Bourses du Travail reviendra le mérite de réparer leur négligence!

CHAPITRE XVII

LE SOCIALISME A UN IDÉAL : LA JUSTICE ET L'ÉQUITÉ

Tout d'abord une remarque s'impose à l'esprit observateur. Le prolétaire qui cherche à s'embaucher, révèle clairement par là son intention foncière et primitive de rendre des services à autrui. Sans doute, il ne faudrait point exagérer son mérite, ni chercher à le présenter comme un héros disposé à se dévouer pour ses semblables. L'altruisme humain est toujours mêlé d'égoïsme, en plus ou moins forte proportion. Or, la sociologie positive étudie les hommes tels qu'ils sont et tels qu'ils pourraient être, non tels qu'ils devraient être. Voilà pourquoi le Socialisme, en vertu d'une abstraction scientifique, néglige toute idée de dévouement, de charité et d'héroïsme. Mais, du même coup, il s'élève avec véhémence et indignation contre toute bassesse, contre toute lâcheté, contre tout servilisme et contre toute turpitude. Il combat l'injustice et la spoliation sous toutes ses formes, et aspire au triomphe définitif de la justice et de l'équité. Il n'y a du reste, pour en être convaincu, qu'à lire Proudhon, notamment dans deux de ses ouvrages : « *Qu'est-ce que la Propriété ?* « et « *Contradictions économiques.* » Lorsqu'on aura lu ces œuvres géniales, on comprendra sans peine que le Socialisme renferme un idéal auquel l'économie politique demeure étrangère. Le Socialisme ne doit donc plus être regardé comme l'expression de l'envie et de la haine des inadaptés à la Société contre les fortunés du sort.

*
**

Le Socialisme a un idéal : la justice et l'équité. Il cherche à solidariser les divers intérêts en conflit, sans néanmoins les confondre dans unité d'absorption.

Il va sans dire que, pour atteindre un aussi noble but, il faut avoir l'esprit trop élevé pour ne considérer que l'utilitarisme sec. Sans doute, l'utilitarisme constitue bien l'objectif principal de la question sociale ; mais il n'en saurait être l'objectif unique et exclusif, le point de mire. Il convient d'ajouter à l'utilitarisme divers concepts et sentiments moraux, sans la présence modératrice desquels la cupidité ne connaitrait plus de bornes. Alors, l'intérêt et l'égoïsme agressif primant le devoir, il n'y aurait plus que crimes, vols, assassinats, incendies, empoisonnements, etc., etc.

Voilà le résultat fatal auquel on aboutirait, si l'on persistait, dans l'étude de la valeur, à faire une trop grande abstraction de la justice et de l'équité, ainsi que de l'honneur.

*
**

Avec sa tendance à faire prédominer l'idée d'utile sur l'idée de juste, l'économie politique risque de s'avilir, en mettant les désirs les plus bas et les plus infâmes sur le même rang que les désirs plus avouables. La distinction du licite et de l'illicite (je ne dis pas du légal et de l'illégal) se supprimerait d'emblée, comme une gêne et un obstacle à tout enrichissement plus rapide qu'honnête.

C'est pourquoi, les Socialistes dignes de ce nom aspirent à conférer à l'utilitarisme un caractère moral, parfaitement compatible avec sa nature, quelque peu prosaïque, j'en conviens. Dans ce but, il importe, ainsi que nous l'avons déjà dit, d'ajouter à l'utilitarisme plusieurs concepts et sentiments moraux destinés à l'ennoblir. Ces concepts et sentiments moraux, concomitants indispensables de l'utilitarisme, s'appellent : l'honneur, la dignité, le respect de soi-même et des autres, la probité, la justice et l'équité.

***

Ainsi donc, le prolétaire en quête d'ouvrage ne se donne point pour un héros. Mais il manifeste sa tendance foncière à se comporter en honnête homme, puisqu'il cherche à gagner sa vie par le travail. Il ne veut en aucune sorte, pour le moment du moins, être assimilé à l'un de ces paresseux incorrigibles dont nous avons parlé plus haut.

Il s'agit de tenir compte de ce bon mouvement, et de l'encourager à se fortifier. Sinon, l'homme, dégoûté de rester honnête pour jouer un rôle de dupe, et pour se voir encore raillé et méprisé, pourrait tourner vers le mal les qualités intellectuelles et morales dont il est doué. « Après tout, se dirait-il, à tant faire que de peiner consciencieusement pour être peu payé et encore méprisé, j'aime mieux ne rien faire, jouir de la vie, et, pour me procurer des ressources, devenir un bandit !

Au fond, personne ne me méprisera, au contraire. On me craindra !! D'ailleurs, qui pourrait me mépriser ? les bourgeois?? ils sont plus corrompus que nous. Quelle morale pourraient-ils nous faire, eux qui n'ont de l'honnêteté que le masque trompeur ??? »

Voilà comment, de la manière la plus simple du monde, de vigoureux travailleurs glisseraient sur la pente du vice. Il importe donc au plus vite d'empêcher pareille éventualité fâcheuse de se produire. La justice le commande, ainsi que l'intérêt social. La nécessité de déterminer avec précision le minimum du taux des salaires s'impose donc de plus en plus.

CHAPITRE XVIII

L'ÉNERGIE MOYENNE D'UN HOMME A RESTER HONNÊTE AU SEIN DE LA PAUVRETÉ DOIT SERVIR DE BASE POUR DÉTERMINER LE MINIMUM DU TAUX DES SALAIRES. — RÉFUTATION DE LA THÈSE UTOPIQUE DU TRAVAIL ATTRAYANT. — LES TROIS FORMES DE L'ACTIVITÉ HUMAINE : LE TRAVAIL, LE SPORT ET LE JEU.

Ce fameux minimum du taux des salaires est déterminable par une somme d'argent périodique et journalière, réellement nécessaire et suffisante pour encourager à rester honnête un homme doué d'une énergie moyenne de vertu morale, d'endurance au travail, de courage et de probité.

Il va sans dire que pour connaître l'énergie moyenne d'un homme au travail consciencieux, il faudra se livrer à des recherches de comparaison, à des statistiques et à des pourcentages, qui seront du ressort des Bourses du Travail.

Néanmoins, il est utile et même indispensable, au point de vue logique et méthodique, de tracer à l'avance les grandes lignes. Comment construire un édifice quelconque, même avec les matériaux à sa disposition, si l'on n'a pas un plan ?

*
* *

L'énergie moyenne de vertu, rien que pour un temps et une région donnés, doit déjà varier sous l'influence de beaucoup d'autres facteurs encore. Ainsi, pour des travaux nuisibles, dangereux et malsains, susceptibles de compromettre la vie et la santé des travailleurs, il apparaît avec évidence que l'étiage de l'énergie moyenne est plus élevé qu'en ce qui concerne les autres travaux, simplement ennuyeux et pénibles. Car il y a lieu de faire remarquer que le caractère propre du travail en général est de renfermer en lui un élément pénible. De sorte que l'hypothèse du travail attrayant, imaginée par Fourier et continuée par beaucoup de socialistes, n'est qu'une utopie et un leurre. Proudhon a spirituellement raillé avec une verve gauloise l'hypothèse du travail attrayant. Il n'y a qu'à se reporter à ses « *Contradictions économiques* », chapitre : « *De la Concurrence.* »

*
* *

Les partisans du travail attrayant allèguent des arguments scientifiques. « L'activité perpétuelle, disent-ils, est la loi de la nature entière. L'homme ne fait point exception à cette règle ; en sorte que l'inertie prolongée constituerait un malaise inévitable, et le pire des supplices. » — Ces dialecticiens confondent le genre avec l'espèce. Ici le genre, c'est l'activité ; et l'espèce, le travail. Certainement, l'homme de sa nature est actif, comme d'ailleurs tout ce qui vit ; mais il n'est point laborieux de son plein gré. Le travail n'est qu'une forme particulière de l'activité humaine,

On peut dire à ce propos que l'activité humaine se manifeste de deux manières : l'une désintéressée, l'autre intéressée. La forme esthétique et désintéressée s'appelle le jeu. C'est une fin en soi, c'est-à-dire à la fois moyen et fin. Ici, l'action se déploie pour elle-même, en vue de l'unique plaisir et de la joie pure de s'exercer. Une aussi belle manifestation de l'activité humaine suppose un surplus de vie à dépenser, un luxe vital pour ainsi dire. — La forme intéressée se nomme le travail. Au lieu d'être une fin en soi, elle ne représente pas autre chose qu'un moyen indispensable d'arriver à une fin que l'on aimerait mieux atteindre directement, sans intermédiaire. Voilà pourquoi le travail, considéré comme un obstacle en même temps que comme un moyen (c'est-à-dire comme une condition) n'est point aimé pour lui-même, et ne peut guère l'être.

***

Les hommes réputés laborieux, pour peu qu'ils se scrutent dans leur for intérieur, reconnaîtront de suite qu'ils ne sont pas animés pour le travail en lui-même d'un amour aussi intense que pour le but qu'ils se proposent d'atteindre. Ils paraissent aimer leur travail, ils se figurent même et croient sincèrement l'aimer. Illusion trompeuse! Cet apparent amour du travail, qui sert du reste à distinguer les laborieux des paresseux, n'est que le plaisir ressenti indirectement à l'occasion du travail, mais non directement à cause de celui-ci.

Chez les uns, laborieux avant tout, ce plaisir résulte de la saine satisfaction morale du courage qui arrive à jouir de sa peine. Chez d'autres, avares de caractère ou forcés de restreindre leurs dépenses, un pareil plaisir est l'expression de l'épargne réalisée par le non-emploi d'un autre, lequel exigerait paiement et peut-être ne ferait pas aussi bien.

D'une façon générale, l'homme peut aller jusqu'à supporter le travail, mais jamais jusqu'à l'aimer comme une fin en soi.

***

Cependant, pourrait-on m'objecter, les chasseurs et les explorateurs trouvent autant et peut-être quelquefois beaucoup plus de charme aux péripéties de leur expédition en elle-même qu'à leur découverte ou à leurs prises. N'est-ce point là un exemple de travail attrayant ? Les exercices fatigants de la chasse et de l'exploration constituent un moyen d'arriver à une fin, et non une fin en soi. Donc, ce ne sont pas des jeux, mais bien des travaux. D'autre part, comme le chasseur et l'explorateur trouvent du plaisir dans leur fatigue, leurs opérations constituent des travaux attrayants.

Il n'en est rien. Nous nous trouvons tout simplement ici en présence d'une troisième forme de l'activité humaine, que j'avais oublié de mentionner. Entre le jeu, ou forme désintéressée de l'activité humaine, d'une part, et, d'autre part, le travail, ou forme intéressée, s'intercale, par application du principe de continuité, une troisième forme, intermédiaire. Celle-ci, à moitié intéressée et à moitié désintéressée, s'appelle le sport.

***

En vain, les partisans du travail attrayant, ne se tenant pas pour battus, soutiendront que c'est chicaner sur les mots Ils se croiront à l'abri de toute réplique, en proposant de remplacer l'expresssion *travail attrayant* par les mots *jeu* ou *sport*.

Les ergoteurs ! Ils ne s'arrêtent qu'aux termes littéraux, et n'approfondissent jamais le sens, car ils comprendraient alors qu'il est impossible d'assimiler leur chimère de travail attrayant au sport ou au jeu indifféremment. Il s'agit de s'entendre. Nous allons leur faire mathématiquement comprendre que ce n'est ni sous la forme esthétique et désintéressée du jeu, ni sous celle à moitié désintéressée du sport, que l'homme se décide à rendre des services à autrui.

***

Le sport, ai-je déjà dit, constitue un mode de l'activité humaine à moitié désintéressé et à moitié intéressé. Mais il représente en même temps un mode complètement égoïste, ou pour mieux dire, égotiste. Le sportman ne songe nullement à rendre service à autrui par son sport ; il ne vise qu'à se rendre service à lui-même, et souvent aussi à se faire admirer de la galerie. Il est donc irrationnel d'admettre que par le sport l'homme se rendra jamais utile à son semblable.

***

Il n'y a pas lieu davantage de songer à substituer le mot *jeu* à l'expression *travail attrayant*. En effet, pour que l'homme se décidât à rendre des services à autrui par le jeu, il faudrait que sa nature subît une métamorphose complète. Le jeu, ai-je dit plus haut, suppose chez l'individu un surplus de vie à dépenser. Le travail attrayant supposerait un esprit de dévouement et d'abnégation à toute épreuve, un amour irradiant pour ses semblables, un surplus d'altruisme tout à fait pur de la plus légère parcelle d'égoïsme individuel ou même collectif. Or, ce serait beaucoup trop demander à la nature humaine, mélange en proportion variable d'altruisme et d'égoïsme.

Par conséquent, l'hypothèse du travail attrayant doit être écartée comme une chimère, comme une utopie, comme une impossibilité. Et ce qui la rend impossible, c'est l'incurable égoïsme du cœur humain.

D'ailleurs, quiconque entreprendrait sincèrement de rendre par pur amour des services à ses semblables, celui-là finirait par devenir la dupe de tous ceux qu'il aurait complaisamment obligés, et qui le paieraient avec la plus noire ingratitude. Alors, ou ce magnifique bienfaiteur persisterait quand même à prodiguer ses bons offices malgré les injures, les mauvais traitements et les humiliations dont, en retour, il se verrait abreuvé ; et dans ce cas, de duperie en duperie, le malheureux en arriverait à mourir sur la paille. Ou bien, au contraire, ne voulant pas devenir victime, ni rester plus longtemps la dupe de ses obligés, ce zélé philanthrope réagirait tout d'un coup, de manière à se transformer soudain en un misanthrope farouche, pour toujours irréconciliable avec l'humanité.

Décidément, vive le travail attrayant ! Quand ce ne serait que pour les édifiants résultats qu'il entraîne à sa suite, les rarissimes fois qu'un original entêté, plutôt aimable qu'estimable, c'est-à-dire à la fois d'une cordiale bonté ainsi que d'un courage à toute épreuve, mais d'autre part d'une conduite irrégulière, parfois même sans honneur, en tente, à ses dépens, l'expérience impossible.

Le travail attrayant est donc un non sens. Mais il y a, d'une part, des travaux insalubres, malsains, nauséabonds et dangereux, et, d'autre part, des travaux ne présentant aucun de ces caractères autant objectifs que subjectifs.

Pour ceux de la première catégorie, la trempe de moyenne énergie morale devra évidemment être plus solide que relativement aux travaux de la seconde catégorie.

A un autre point de vue, l'étiage de la moyenne énergie morale serait plus élevé aux époques de décadence et de dégénérescence qu'à celles où le niveau moral est aussi élevé ou plus élevé que le niveau intellectuel. Il est hors de doute que l'on aura beaucoup de peine à trouver un honnête homme, — un véritable honnête homme, j'entends, — dans une civilisation où la vertu passe pour une tare et pour un ridicule, alors que le vice se glorifie.

*
* *

En résumé, il incomberait aux Bourses du Travail de rechercher avec soin tous les facteurs qui entrent en ligne de compte pour faire hausser ou baisser le niveau moral moyen. Il s'agit ici, bien entendu, non pas du niveau moral moyen des seuls prolétaires, mais de celui de toutes les classes de la Société. Car, je m'empresse de le déclarer, il ne saurait y avoir, en bonne justice, deux morales distinctes : l'une, large, pour les bourgeois, pour les gens « bien nés et bien élevés », de la part desquels les actes scandaleux seraient seuls blâmés ; l'autre, étroite, pour les prolétaires. De plus, il est utile d'ajouter la remarque suivante : les exemples bons ou mauvais, donnés par les classes instruites (ce qui ne veut pas toujours dire éduquées, et encore moins intelligentes) de la bourgeoisie se communiquent aux prolétaires par voie de contagion imitative. Or, les mauvais exemples ont une tendance marquée à se transmettre beaucoup plus vite que les bons. Cette remarque est générale à l'humanité entière, sauf pourtant dans les cas exceptionnels de certaines foules psychologiques à caractère de foules-combinaison, jouant ici un rôle moralisateur. Lire à ce propos : « *La Psychologie des Foules* ». du docteur Gustave Le Bon.

Une fois que les Bourses du Travail auront calculé la somme d'argent journalière, nécessaire et suffisante pour encourager au travail un homme doué d'une énergie moyenne à résister aux entraînements du vice, elles auront accompli la première partie de leur œuvre. Le minimum du taux des salaires se trouvera dès lors, de la sorte, connu. Il sera fixé et arrêté pour un certain temps, sauf à être remanié en temps utile, en prévision de ses variations ultérieures, car, rien de plus mobile que les volitions et dispositions morales du cœur humain. Par conséquent, les Bourses du Travail coteraient et recoteraient plusieurs fois, à périodes régulières, le minimum du taux des salaires. Si, dans l'intervalle d'une période à l'autre, une circonstance saillante permettait d'augurer que le niveau moral a sensiblement haussé ou baissé, les Bourses du Travail seraient alors convoquées d'une manière extraordinaire.

***

Ainsi, on le voit : la détermination exacte du minimum du taux des salaires est une question de haute moralité. De plus, la Société, et principalement la bourgeoisie, se trouve intéressée à cette détermination. Sans quoi, l'on a tout lieu de conjecturer que le nombre des malfaiteurs (Apaches, cambrioleurs, etc., etc.) augmentera sans cesse.

Les ouvriers insuffisamment payés, et, de plus, traités sans égard, seront d'autant plus portés à se transformer en perturbateurs de la paix publique, que, de nos jours, on construit des prisons confortables, ce qui permet de constater que les prisonniers sont mieux traités que de malheureux mineurs au fond de la mine, et qu'en conséquence, il y a souvent plus de profit et même peut être de considération à devenir un bandit qu'à rester un honnête homme. A titre d'exemple de prisons confortables, nous pouvons mentionner les nouvelles prisons modèles, dans lesquelles, au dire de M. Gide, la cellule d'un prisonnier revient à 6.000 francs, « le prix d'une jolie maison ouvrière » (1).

***

Il est bon d'ajouter que la bourgeoisie, de son côté, donne très souvent le mauvais exemple. En sorte, semble t-il, qu'elle n'aurait guère le droit de s'indigner. Elle serait beaucoup mieux inspirée, sinon de se joindre au mouvement socialiste comme devraient le faire les patrons individuels, du moins de ne point

(1) Gide. « Prinipes d'Economie politique », livre IIIᵉ, première Partie, chapitre I. § VIII, page 407, note 2, 6ᵉ édition, édition Larose, rue Soufflot, 22, Paris, 1898.

l'entraver. Mais raisonne-t-on avec la peur? Or, la bourgeoisie a peur. Ce qui le prouve, c'est son attitude dans les circonstances critiques, telles que les lancements de bombes. Au lieu de s'appliquer à rechercher la cause des événements, elle se borne à réclamer des répressions rigoureuses. Alors, les ministères en profitent pour demander des crédits supplémentaires et extraordinaires, à l'effet de renforcer la police. Et qui paie la note des frais ? les contribuables. En sont-ils réellement mieux gardés ?? Il y a quelque peu raison d'en douter. En effet, si l'on se reporte à quelques années en arrière, au moment des attentats à la dynamite, on remarquera que ces attentats se réitéraient à intervalles très rapprochés. Pourtant, la police veillait. Les agents se montraient d'autant plus zélés et vigilants, qu'ils y étaient personnellement intéressés par la perspective de l'avancement, et probablement aussi de fortes primes à toucher.

*
* *

Dans tous les cas, j'estime qu'il vaut mille fois mieux prévenir que réprimer. Au fond, la répression n'a rien d'intelligent en elle-même, surtout lorsqu'elle est dictée par le plus bas des sentiments, la peur, et qu'au lieu de servir à l'amendement du coupable, elle revêt un caractère de vindicte publique.

La détermination du minimum du taux des salaires me paraît un moyen de prévenir les conséquences futures du mécontentement général : mécontentement qui s'est manifesté, il y a quelques années, par des actes d'insensés et de névropathes, faisant le plus détestable emploi de leurs connaissances de chimie synthétique.

CHAPITRE XIX

LA QUESTION SOCIALE SERA RÉSOLUE PAR L'ADJONCTION D'UN CONTRAT DE SOCIÉTÉ AU CONTRAT DE LOUAGE D'OUVRAGE.

Grâce à la détermination du minimum du taux des salaires, une œuvre de justice aura été accomplie. Un grand pas aura été fait. Les économistes auront moins de peine à trouver l'assiette de la valeur. La science économique ou *ploutologie* ne se trouvera véritablement fondée que le jour où l'on aura fixé d'une manière exacte et démontrable l'assiette de la valeur. La connaissance du minimum du taux des salaires satisfera tous les esprits justes en général. Mais le Socialisme, épris d'un idéal de justice plus épuré, qu'on appelle l'équité, n'aura pas encore lieu de se déclarer satisfait. Il nous reste une étape à franchir.

Indubitablement, dans les affaires commerciales de la vie, dans les contrats commutatifs où l'une des parties reçoit comme prestation une somme d'argent, ladite somme n'a point été ramassée fortuitement par celui qui la reçoit. A la différence d'un aérolithe, cette somme ne lui tombe pas du ciel. Donc, elle a une source certaine, source facile à connaître. Spécialement, en ce qui concerne le contrat de louage d'ouvrage, les ouvriers reçoivent à titre de paiement une somme d'argent périodique appelée salaire. Cette somme provient des recettes brutes du patron. Nous avons intérêt à connaître, non certes le quantum (qui ne nous regarde point), mais du moins l'origine de ces recettes brutes, sur lesquelles l'entrepreneur prélève la somme constituant le salaire des ouvriers.

*
* *

Les économistes, jusqu'à ce jour, n'ont paru s'occuper que de rechercher les éléments du profit patronal. Quant à ce qui concerne les éléments du salaire, ils ont fait preuve d'un mutisme à peu près complet. Aussi, qu'ils ne s'étonnent pas, et qu'ils s'indignent encore moins, si on les traite de partiaux.

A vrai dire, ils n'avaient nullement à s'occuper des revenus nets, des bénéfices, du profit du patron. Ce dernier est seul qualifié, en dehors de la Bourse du Travail compétente, pour connaître son profit et pour le fixer annuellement au moyen de l'inventaire. En réalité, il n'y a peut-être pas un entrepreneur d'industrie qui ait songé à jeter les yeux sur un ouvrage d'économie politique. Pourtant, tous, du premier au dernier, se piquent, et avec raison, de s'y entendre, pour établir leur profit, autant que n'importe quel économiste. Il leur suffit pour cela de commencer par défalquer sur les recettes brutes tous les frais généraux, dont ils ont pour ainsi dire fait l'avance. Cette condition en renferme implicitement une autre, celle de vendre leurs produits à un prix minimum leur permettant, non seulement de rentrer dans leurs déboursés, mais encore de réaliser un bénéfice suffisant pour les encourager eux aussi au travail. Il s'agit tout simplement de prévoir et de calculer à l'avance. En de pareilles matières, l'intelligence pratique, l'entente des affaires, sorte d'instinct et de routine si l'on veut, est incommensurablement plus utile et plus efficace que n'importe quelle science théorique.

***

La détermination du minimum du taux des salaires pourra, je l'espère, faciliter aux économistes la recherche de l'assiette de la valeur. Mais elle ne saurait suffire à résoudre la question sociale, même d'une manière transitoire. Les économistes socialisants pourront se déclarer satisfaits lorsqu'ils connaîtront le minimum du taux des salaires. Les socialistes proprement dits ont encore une réforme à demander aux Bourses du Travail, en ce qui concerne les rapports des ouvriers et du patron. Cette réforme complémentaire s'accomplira le jour où un contrat d'association sera greffé sur celui de louage d'ouvrage.

« Mais pourquoi tenter un pareil alliage hybride, qui laisserait toujours subsister le salariat avec les vices indélébiles qui le caractérisent ? Ne serait-il pas plus catégorique de supprimer purement et simplement le salariat, que de recourir à des moyens termes, à des côtes mal taillées et à des transactions qui sentent la finasserie ?? »

A cette question que vont me poser les Collectivistes, je répondrai tout d'abord que quand le Collectivisme aura été mis en pratique, et quand il donnera des résultats en rapport avec ses promesses actuelles, la solution proposée n'aura eu que l'importance d'un *modus vivendi* transitoire.

Pour le moment, faute de mieux, je n'hésite pas à maintenir mon idée, parce qu'elle est d'ores et déjà réalisable. Or, ainsi que j'ai déjà eu l'occasion de le signaler dans le cours de cette étude, il importe de courir au plus pressé. En effet, la misère générale qui résulte du marasme actuel des affaires, exige une prompte solution. Dût-elle même être imparfaite, — l'imparfait après tout est perfectible, — une solution prompte et immédiate doit être au plus tôt adoptée, car on perdrait un temps précieux à s'attacher à une solution idéale, ne devant se réaliser que dans un avenir inconnu... et toujours reculé !

***

Par conséquent, on pourra certainement espérer établir une société entre les ouvriers et le patron, dont ils sont les collaborateurs dans une proportion qu'il est à vrai dire impossible de déterminer. Or, du moment qu'il existe une collaboration effective, cela suffit pour servir de base à une société. Mais ne perdons pas de vue que l'association à établir entre l'entrepreneur et son personnel ne pourrait être substituée au contrat de salariat.

Il faudrait, pour que le salariat pût être remplacé par l'association pure et simple, la réunion de plusieurs conditions que, par la force des choses ou le *Mystère d'iniquité*, comme on voudra, les prolétaires ne peuvent jamais remplir : je vais du reste le prouver.

Dans un contrat de société, les associés ne touchent leur part de bénéfices qu'au moment de la reddition des comptes. C'est toujours après un exercice assez long pour que l'opération ait pu donner un rendement appréciable, au moins au bout d'un an, à l'époque de l'inventaire annuel. De plus, encore faut-il qu'il y ait eu des bénéfices réalisés, car il peut arriver que l'inventaire ne révèle que des pertes ou des non-bénéfices; ou, ce qui est pire encore, la société peut tomber en faillite ou en déconfiture. Dans toutes ces circonstances, d'ailleurs possibles, et malheureusement vraisemblables, les associés n'auront aucun gain à toucher. Relativement heureux encore ceux qui, n'étant point associés solidairement, ne perdront que leur mise. — En troisième lieu, et à propos de mise, les associés reçoivent leur part contributive de bénéfices, et, par une juste réciprocité, supportent leur part contributive de perte, au prorata de la valeur de leur apport respectif.

*
* *

Pour toutes ces raisons, évidentes comme la lumière du jour, on comprend que les ouvriers ne peuvent point s'aventurer dans le risque d'une société proprement dite avec le patron. En effet, leur situation, voisine de l'indigence, ne leur permettrait guère d'attendre l'inventaire annuel pour recevoir leur part de bénéfices, à supposer qu'il y en ait. Il est donc préférable pour eux de toucher un salaire fixe et à période rapprochée, en vertu d'un contrat de louage d'ouvrage, et à titre de créanciers privilégiés. Car ils ne doivent jamais perdre de vue que, vivant au jour le jour, ils ont constamment besoin de leur solde pour leur ménage. Leur situation précaire ne leur permet pas d'attendre le résultat lointain et aléatoire de l'entreprise.

Voilà pourquoi le contrat de salariat ne pouvant être remplacé par rien jusqu'à ce jour, doit être maintenu en principe.

En réalité, c'est la force des choses qui le maintient, quand même on décorerait la force des choses de l'appellation pompeuse et théâtrale de « Mystère d'iniquité ». Ce ne sont que des mots. Et aux mots, nous préférons les faits. Il suffira donc, puisque jusqu'à nouvel ordre nous ne savons pas par quoi l'on pourrait remplacer ce maudit salariat, de l'annexer à un contrat de société.

CHAPITRE XX

LA RIGUEUR D'UN PRINCIPE JURIDIQUE A PARFOIS BESOIN D'UN TEMPÉRAMENT D'ÉQUITÉ. — L'ADJONCTION D'UN CONTRAT DE SOCIÉTÉ A CELUI DE LOUAGE D'OUVRAGE CONSTITUE CE TEMPÉRAMENT D'ÉQUITÉ.

En droit pur, nous le savons, les ouvriers créanciers de leur patron en vertu du contrat de louage d'ouvrage, conservent malgré les mauvaises affaires du patron, le droit de se faire payer par celui-ci. Leur créance est même munie par la loi d'un privilège à cet effet Mais toute médaille a son revers : ainsi, par le contrat de louage d'ouvrage, les ouvriers se sont interdit tout droit de demander un supplément d'allocation, lorsque les affaires sont florissantes. Néanmoins, quand un principe d'irréfutable logique menace de devenir dans son application non seulement cruel (terme trop vague et de plus imprégné de sentimentalisme), mais contraire à la justice idéale, il a besoin de recevoir un tempérament d'équité. Ce serait, semble-t-il, parfaitement le cas en matière de salariat.

***

Nous savons que les ouvriers sont les collaborateurs de leur patron. Or, qui dit collaborateur, exprime l'idée de société.

Le caractère essentiel de toute société, c'est la mutualité, la réciprocité d'apports de chacun des associés. Peu importe que ces divers apports soient équivalents ou non entre eux, puisque le partage des bénéfices doit toujours s'effectuer au prorata de la valeur de chaque mise respective.

Dans les rapports de patron à ouvriers, on peut remarquer cette mutualité d'apport, caractéristique de toute société. Ainsi, les ouvriers apportent leurs facultés physiques à travailler.

*
* *

La science juridique nous apprend qu'un contrat peut, dans certaines circonstances, se trouver allié à un autre contrat, de manière à former ensemble une opération complexe quant à sa nature juridique. C'est ainsi que, dans les marchés sur devis, dans les commandes d'un article quelconque, d'un objet, d'une marchandise, toutes les fois en un mot que l'artisan fournit à la fois et sa matière et sa main d'œuvre, il y a un contrat de vente allié à un contrat de louage d'industrie. Un tel alliage revêt tantôt le caractère d'un mélange, tantôt celui d'une combinaison, ou plutôt d'une absorption. Il n'y aura que mélange, quand l'artisan fera payer séparément la valeur de la nature brute, la valeur de sa main d'œuvre, et enfin la valeur de l'objet confectionné. Tel est le cas des marchés sur devis, lorsqu'un forfait ou prix fait d'avance n'a pas été convenu avec les architectes ou les entrepreneurs de constructions. Mais, il y aura union complète par voie de combinaison, lorsque, dans la commande, dans le marché sur devis, un prix unique invariable ou forfait aura été d'avance stipulé et promis, en un mot, convenu. Quand je dis qu'il y aura combinaison, je ne me sers pas d'une expression tout-à-fait exacte ; car, à vrai dire, il y aura absorption d'un contrat par un autre. Le contrat de louage se trouvera absorbé par le contrat de vente. Nous serons alors en face de la vente d'une chose future, vente subordonnée à la condition de l'agrément du maître qui l'a commandée : agrément, bien entendu, ne devant jamais être arbitrairement ni capricieusement refusé.

***

Tous ces exemples de la vie courante, d'ailleurs prévus et réglementés par la loi, nous encouragent à joindre un contrat de société à celui de louage d'ouvrage. Ce ne pourra jamais être qu'un simple mélange, attendu que, pour les raisons exposées plus haut, le salariat ne peut point être absorbé par la société.

Il ne nous reste plus maintenant qu'à examiner le mode de fonctionnement de la société jointe au louage d'ouvrage.

CHAPITRE XXI

LE SOI-DISANT SALAIRE DE DIRECTION, FIGURANT PARMI LES ÉLÉMENTS DU PROFIT PATRONAL, EST UN NON-SENS.

En sus de leur salaire fixe, tous les ans, au moment de l'inventaire, les ouvriers non renvoyés partageraient avec le patron la fraction additionnelle du profit que ce dernier s'arroge assez arbitrairement sous le nom de salaire de direction. Un tel partage s'opérerait par portions égales entre tous les collaborateurs de l'entreprise, le patron y compris. Il va sans dire que par ce terme « les ouvriers non renvoyés », j'entends les ouvriers non renvoyés avec motifs légitimes appréciés par la Bourse du Travail, compétente à raison du lieu. Il ne faudrait pas, en effet, que dans un but de lucre, le patron eût la possibilité d'éluder une obligation.

A propos de ce soi-disant salaire de direction, il y a lieu de faire observer qu'il n'est nullement un salaire. Du reste, M. Leroy-Beaulieu, qui certes, en sa qualité d'économiste pur, est un adversaire du Socialisme, — jusqu'au moment où, connaissant mieux le Socialisme, il n'hésitera pas à y adhérer, — M. Leroy-Beaulieu, dis-je, après avoir admis le principe du salaire de direction, se montre mécontent du terme. Cet auteur reconnaît que « le mot de salaire de direction, dont on se sert, n'est pas le mot propre qui convient à la rémunération de l'entrepreneur. Un salaire, c'est une rétribution définitivement acquise, une fois le travail fourni ; il en est de même du traitement. Chaque semaine ou chaque mois, le salaire ou le traitement de l'employé ou de l'ouvrier lui appartient, sans qu'aucune circonstance postérieure, puisse annuler son droit. En cas de faillite même, les salaires et les traitements des ouvriers et des employés sont privilégiés par rapport aux autres créanciers.

» Il en est tout autrement de ce que l'on appelle le salaire de direction de l'entrepreneur ; le paiement de ce salaire est suspendu pendant toute l'année ; il n'est définitivement acquis qu'à l'expiration de l'exercice annuel, si les comptes de l'inventaire se soldent en bénéfices, c'est-à-dire en excédent de l'ensemble des recettes sur l'ensemble des dépenses..........
.... « Il ne peut donc pas être question là d'un salaire de direction à proprement parler, mais d'une indemnité de direction ; et cette indemnité n'est définitivement acquise que lorsque l'ensemble des comptes de l'exercice annuel fait ressortir un excédent de toutes les recettes d'un établissement industriel et commercial sur toutes les dépenses. » (1).

***

En réalité, l'expression indemnité de direction, proposée par M. Leroy-Beaulieu, serait encore pire que celle qu'il voudrait remplacer, salaire de direction. En

(1) Leroy-Beaulieu, Précis d'économie politique, 2e partie, ch. V. Pages 156 in-fine et 157. Edition Ch. Delagrave, 15, rue Soufflot, Paris.

effet, l'idée d'indemnité suppose un préjudice, un dommage préalable, par exemple un accident, dont il s'agit d'annuler ou d'amortir l'effet. En matière de peine prise, de travail effectué, il ne saurait y avoir lieu à indemnité, attendu que le travail par lui-même et par lui seul ne constitue pas un préjudice, un dommage. Le travail, nous le savons, implique l'idée d'effort, de peine, en même temps que celle de moyen nécessaire, d'intermédiaire forcé, de condition inévitable, en vue d'atteindre une fin désirée pour elle-même.

Aussi, le travail nécessite-t-il une dose plus ou moins grande de courage, pour se faire supporter et presque aimer, à la condition d'obtenir une prime d'encouragement. La prestation d'une somme d'argent, destinée à rémunérer, à récompenser le travailleur après l'accomplissement de son travail, représente la prime d'encouragement en question.

Un travail continu, si long qu'il soit, ne saurait donc jamais par lui même et de ce seul chef, donner lieu à une indemnité, si d'ailleurs un accident involontaire n'en résultait pas. Le travail, en effet, est une manifestation de la volonté humaine, en vue d'obtenir une récompense pécuniaire. Le salaire, la rémunération, la récompense pécuniaire, joue ici le rôle de cause finale. L'origine d'un dommage, d'un préjudice quelconque, est au contraire un cas fortuit. Même lorsque par fraude, l'accident est volontairement provoqué et recherché, même alors, le cas

10

fortuit est toujours invoqué par simulation. Par conséquent, le dommage lui-même est un résultat malheureux, et l'indemnité un moyen de rendre plus supportable ce résultat malheureux. L'indemnité n'est donc pas une cause finale, pas plus qu'une cause efficiente. Elle revêt le caractère d'un remède ou d'un simple palliatif, c'est-à-dire d'un moyen d'atténuer un mal.

***

De plus, qu'il plaise au patron de se retrancher derrière un salaire de direction ou derrière une indemnité de direction pour se faire la part du lion, peu nous importe. Il y a un fait constant, c'est que le patron agit comme son propre créancier à lui-même. Or, la science du droit n'admet pas qu'on puisse être créancier de soi même. La réunion, sur la même tête, de la qualité de créancier et de débituer d'une même somme vis-à-vis de soi-même, éteint de plein droit la créance-dette, par confusion, c'est-à-dire par impossibilité d'exécution.

Donc, jamais une créance-dette ne saurait naître, activement et passivement à la fois sur la même tête. Du reste, dans les lignes citées plus haut, M. Leroy-Beaulieu semble entrevoir l'impossibilité pour le patron d'être à lui-même son propre créancier.

***

Comment expliquer cette tendance de tous les entrepreneurs d'industrie à se dédoubler, pour ainsi dire, en s'allouant à eux-mêmes un traitement de direction ?

Proudhon, en quelques lignes de son ouvrage : « *Qu'est-ce que la Propriété ?* » la signale en ces termes :

« Axiome. — La propriété est le droit d'aubaine que le propriétaire s'attribue sur une chose marquée par lui de son seing.

» Corollaires :

» 1° . . . .

» 2° . . . .

» 3° Le droit d'aubaine a lieu contre le propriétaire comme contre l'étranger. Le seigneur de la chose, distinguant en soi le possesseur du propriétaire, s'impose à lui-même, pour l'usufruit de sa propriété, une taxe égale à celle qu'il pourrait recevoir d'un tiers ; en sorte qu'un capital porte intérêt dans les mains du capitaliste comme dans celles de l'emprunteur et du commandité. En effet, si, au lieu d'accepter 500 francs de loyer de mon appartement, je préfère l'occuper et en jouir, il est clair que je deviens débiteur envers moi d'une rente égale à celle que je refuse : ce principe est universellement suivi dans le commerce, et regardé comme un axiome par les économistes. Aussi les industriels qui ont l'avantage d'être propriétaires de leur fonds de roulement, bien qu'ils ne doivent d'intérêts à personne, ne calculent-ils leurs bénéfices qu'après avoir prélevé, avec leurs appointements et leurs frais, les intérêts de leur capital. Par la même raison, les prêteurs d'argent conservent par devers eux le moins d'argent qu'ils peuvent ; car tout ce capital portant nécessairement intérêt, si cet intérêt n'est servi par personne, il se prendra sur le capital, qui de la sorte se trouvera d'autant diminué. Ainsi par le droit d'aubaine le capital s'entame de lui-même :

c'est ce que Papinien aurait exprimé sans doute par cette formule aussi élégante qu'énergique : *Fœnus mordet solidum* (1). Je demande pardon de parler si souvent latin dans cette affaire : c'est un hommage que je rends au peuple le plus usurier qui fut oncques. » (2)

***

Ainsi, l'existence de cette tendance commune de tous les entrepreneurs d'industrie à s'allouer à eux-mêmes un traitement de direction, ressort de l'ensemble du passage précité de Proudhon.

Une pareille tendance est-elle juste en soi ? Nullement, et elle ne peut s'excuser dans une certaine mesure que parce qu'elle paraît presque irrésistible, vu l'égotisme incurable du cœur humain.

Cette tendance sert aux patrons de prétexte pour se tailler la part du lion, au détriment de leurs collaborateurs, ainsi du reste que je vais le démontrer, en retournant contre eux les arguments du patron et des économistes.

Donc, une telle tendance est injuste. Bien que, de prime abord, elle paraisse presque irrésistible, il y a néanmoins possibilité de la réprimer. L'homme, en effet, malgré son unité mentale, constitue un faisceau de tendances multiples et variées, différentes entr'elles, quelquefois même antithétiques. Par la force de sa volonté, il peut réprimer telle tendance

(1) L'intérêt mort, entame le capital.

(2) Proudhon, « Qu'est-ce que la Propriété ? Premier mémoire, ch. IV, pages 122 et 126, édition C. Marpon et E. Flammarion, Paris.

mauvaise, en la remplaçant par une autre, bonne ou du moins non mauvaise. La vie mentale d'un individu se résume en un conflit perpétuel de tendances : il appartient à la volonté, ainsi qu'à l'intelligence consciente, de décider entre elles.

Les patrons comprendront enfin qu'ils ont un intérêt majeur à se réconcilier avec leurs ouvriers, afin de conjurer le danger de se voir supplanter par la féodalité financière envahissante. Alors, je l'espère, ils se piqueront d'honneur de prouver qu'ils sont autant maîtres de leur volonté que de leur entreprise, et ils réprimeront cette tendance injuste, signalée plus haut par Proudhon. Ils n'hésiteront pas une minute à la réprimer, dès qu'ils comprendront qu'ils sont complètement inconséquents avec eux-mêmes, et qu'ils se démentent à chaque instant, afin d'expliquer leur antagonisme avec leurs ouvriers. Franchement, être inconséquent avec soi-même, est-ce le fait d'un homme intelligent ? Quant à se démentir, est-ce l'attitude d'un caractère parfaitement droit ?? Or, l'intelligence ne consiste pas seulement à savoir édifier une fortune, ni la loyauté à se borner à la simple probité.

Jusqu'à maintenant, les patrons ne suivent pas cette ligne de conduite d'une rectitude parfaite. En effet, que disent-ils toutes les fois qu'ils cherchent à faire ressortir la supériorité de leur travail intellectuel sur le travail manuel des ouvriers ? Qu'allèguent-ils en vue de prouver la légitimité de la part du lion qu'ils s'allouent arbitrairement ? ? Ils affirment et soutiennent sur tous les tons, que la partie purement commerciale de leur entreprise ne regarde qu'eux seuls.

Et, notez le bien, ils ont absolument raison. Mais, du même coup, ils avouent d'une manière implicite qu'ils demeurent étrangers à la partie technique de leur industrie. Ce qui le prouve d'ailleurs péremptoirement, c'est qu'ils s'entourent de surveillants, directeurs, contre-maîtres, etc., etc. Du reste, il n'en saurait être autrement, en vertu du principe de la division du travail, que nécessite toujours la diversité des tâches.

L'aveu de M. Leroy-Beaulieu est précieux à retenir. « Il n'est pas absolument nécessaire que l'entrepreneur soit un capitaliste ; il vaut mieux qu'il le soit, parce qu'il n'en aura que plus d'expérience (1) et plus de prudence dans la direction ; mais il est à la rigueur suffisant, quoique ce soit une condition moins favorable, que l'entrepreneur inspire confiance à des capitalistes et se fasse avancer par eux des capitaux. Il faut qu'il se procure ensuite la main-d'œuvre sous toutes ses formes, c'est-à-dire des hommes qui non seulement lui apportent leurs bras, mais qui connaissent le métier ou qui soient susceptibles de l'apprendre, puis au-dessus d'eux des contre-maîtres, des surveillants, qui soient capables et loyaux, et, à côté de

(1) D'après la phrase ci-dessus mentionnée, il semblerait qu'aux yeux de M. Leroy-Beaulieu, l'expérience résulte de la qualité du capitaliste. Comme si la possession d'objets matériels utiles à l'exploitation d'une entreprise conférait à leur propriétaire l'heureux don de cette fameuse expérience, que seul le temps peut accorder à un esprit continuellement attentif et surtout assimilateur !

tout ce monde, des comptables, des employés divers, ayant chacun les aptitudes qui conviennent à sa fonction. » (2)

***

Aussi donc, il est avéré que, dans la grande production, l'entrepreneur, capitaliste ou non, dispose d'une véritable hiérarchie de subordonnés. Au dessus de ses ouvriers proprement dits, et immédiatement sous ses ordres à lui, il a un ou plusieurs surveillants, directeurs ou contre-maitres. Et il n'en saurait être autrement.

Alors, je me le demande, pourquoi, dans ces conditions, du moment que l'entrepreneur délègue à d'autres le soin de surveiller et de diriger ses ouvriers, pourquoi s'alloue-t-il un salaire de direction ? En vain alléguera-t-il que la vigilance la plus élémentaire lui prescrit de jeter le coup d'œil du maitre sur son personnel, de sorte qu'alors, au lieu de s'allouer un salaire de direction, il s'attribuera un salaire de haute direction.

Mais c'est jouer sur les mots, et fournir une mauvaise explication. Car il y a lieu de présumer que le patron est un homme intelligent, entendu aux affaires, expérimenté, et, de plus, stimulé par le désir d'être bien servi En conséquence, il a très probablement dû faire de ses contre-maitres et directeurs un choix suffisamment judicieux pour se reposer sur eux dans une certaine mesure, tandis que lui, en vertu de la division du travail, se confine plus particulièrement

(2) Leroy-Beaulieu, Ibidem, 1re partie, ch. VII, page 65.

dans son rôle de négociant, c'est-à-dire de vendeur. Je dis dans une certaine mesure, car il ne faut pas perdre de vue que les directeurs de service le tiennent continuellement au courant de la conduite individuelle des ouvriers à leur tâche. De là, cette sourde haine de ceux-ci à l'égard du contre-maître, considéré par eux comme un mouchard appointé.

⁂

Dès lors, il apparaît abusif que le patron, à la fois juge et partie en sa propre cause, se considère comme le premier des contre-maîtres et se rétribue en conséquence d'une façon arbitraire, lui seul étant juge de son propre mérite comme directeur.

Puisqu'il parait tellement vouloir se proclamer le premier de tous ses directeurs, *primus inter pares*, qu'il veuille bien pousser plus loin la comparaison. Qu'il daigne, allant jusqu'au bout, se considérer, en ce qui concerne son soi-disant salaire, comme un ouvrier au même rang que les autres. En conséquence, au moment de l'inventaire annuel, tout le personnel de l'usine, patron y compris, partagerait, en cas de bénéfices constatés par l'inventaire contrôlé par la Bourse du Travail, jugeant impartialement, le soi-disant salaire de direction.

Il est hors de doute que ce soi-disant salaire de direction constitue un supplément du profit patronal, lequel supplément le patron s'attribue arbitrairement, au préjudice de ses collaborateurs. Il est donc à blâmer, mais il n'est pas le seul blâmable, car il se trouve encouragé dans cette voie par les économistes. Pourquoi, en effet, ceux-ci s'ingèrent-ils d'analyser les éléments du profit ou bénéfice net du patron ? Si encore, pour faire preuve d'intelligence analytique, les économistes avaient eu le bon esprit de diviser les frais généraux du patron en deux catégories distinctes : les frais généraux animés et les frais généraux inanimés. Cette classification s'impose, car le patron, étant naturellement tenté de restreindre ses frais généraux considérés d'une manière globale, ne doit point pourtant pousser l'esprit mercantile jusqu'à pressurer son personnel, jusqu'à trop vouloir gagner sur lui. Le personnel représente, nul n'en doute, les frais généraux animés.

CHAPITRE XXII

LA JUSTICE SOCIALISTE, OU ÉQUITÉ, ET LA JUSTICE BOURGEOISE, EN PARALLÈLE.

Jusqu'à maintenant, il importe de le remarquer, il n'est nullement nécessaire d'être socialiste au sens propre du mot, pour se joindre à nous en formulant les mêmes désirata, savoir :

1° Indiquer le rôle véritable des Bourses du travail, chargées de réglementer d'une manière conforme à la justice les rapports des patrons et des ouvriers, et notamment de déterminer le minimum du taux des salaires ;

2° Obliger les patrons à cesser de se faire outre mesure la part du lion, en s'arrogeant un soi-disant salaire de direction.

*
* *

De pareils desiderata sont d'une justice tellement élémentaire, que leur absence constitue l'injustice criante. Notre société contemporaine repose donc, on peut le dire, sur l'injustice criante. D'un autre côté, le Socialiste, celui du moins digne de ce nom, est un chercheur avide de justice poussée jusqu'à l'équité. Il peut paraître à première vue un utopiste. A vrai dire, il forme avec l'ensemble de l'humanité un contraste si frappant, qu'il peut bien passer de prime abord pour un utopiste. Car il y a lieu de constater qu'en thèse générale, la plupart des hommes ne se passionnent guère pour la justice, lorsqu'ils n'y ont pas un intérêt actuel : que ce soit un intérêt directement ressenti ou bien un intérêt indirectement ressenti par voie de sympathie. Ils n'aiment la justice qu'autant qu'elle leur est utile ; dès qu'elle leur paraît inutile, ils n'en font aucun cas. Par conséquent, le Socialiste, naturellement épris de justice idéale, apparaît comme un original, un utopiste, un rêveur et un mystique. A vrai dire, il n'est rien de tout cela, sauf dans l'imagination de l'ensemble de l'humanité, qui se trompe !

*
* *

Le critérium infaillible sur lequel on peut s'appuyer, à l'effet de prouver que le Socialiste ne mérite aucune des épithètes ci-dessus mentionnées, c'est l'abstraction complète qu'il fait de la charité. Il considère la bienfaisance et la charité comme n'étant très souvent que l'ostentation du riche qui donne, et l'humiliation du pauvre qui reçoit. Au reste, la charité, les rarissimes fois qu'elle est sincère, n'a rien à voir avec le Socialisme. Celui-ci n'envisage et ne veut envisager que les questions de justice. Or, l'on peut obliger les gens à être justes, jamais à être charitables. La charité, quand elle agit, doit être spontanée et libre, et, de plus, pure de tout désir et d'arrière-pensée de provoquer l'admiration de la galerie, ou d'humilier son obligé et de le tenir asservi par une reconnaissance éternelle.

Les socialistes sont des esprits à la fois trop loyaux

pour se contenter d'une justice relative, pareille à celle des économistes, et en même temps trop méthodiques pour supporter ce mélange inextricable de justice et de charité. « Charité ! Je nie la charité, c'est du mysticisme. Vainement vous me parlez de fraternité et d'amour : je reste convaincu que vous ne m'aimez guère, et je sens très bien que je ne vous aime pas. Votre amitié n'est que feinte, et si vous m'aimez, c'est par intérêt. Je demande tout ce qui me revient, rien que ce qui me revient : pourquoi me le refusez-vous ?

Dévouement ! Je nie le dévouement, c'est du mysticisme. Parlez-moi de *doit* et d'*avoir*, seul critérium à mes yeux du juste et de l'injuste, du bien et du mal dans la société. A chacun selon ses œuvres, d'abord : et si, à l'occasion, je suis entrainé à vous secourir, je le ferai de bonne grâce ; mais je ne veux pas être contraint. Me contraindre au dévouement, c'est m'assassiner ! ».

Par les lignes qui précèdent, il est facile de comprendre que les socialistes ne sont ni des rêveurs ni des mystiques.

A la rigueur, les réformes jusqu'à présent proposées pourraient suffire aux amateurs d'une justice superficielle et relative, lesquels se recrutent parmi les bourgeois plus raisonnables que les autres, ainsi

(1) Proud'hon, Contradictions économiques, Tôme 1er, Chap. VI, pages 228 in fine et 229, édition E. Flammarion, 26, rue Racine, près l'Odéon, Paris.

que parmi les économistes. Au fond, chez eux tous, le sentiment de la justice n'est-il pas quelque peu adultéré par la crainte de perturbations et de soulèvements populaires ? C'est plus que probable. Aussi les moyens-termes, les systèmes transactionnels de côtes mal taillées leur sourient-ils assez.

Pour que le Socialisme ne soit pas un vain mot, il faut, toutes les fois que l'occasion s'en présente, favoriser la formation des contrats de société, de manière à faire comprendre aux travailleurs l'importance de la solidarité.

CHAPITRE XXIII

LE PATRON, LORSQU'IL SE TROUVE PROPRIÉTAIRE INCOMMUTABLE DE SES CAPITAUX. SERAIT CENSÉ EN FAIRE L'APPORT, QUANT A L'USUFRUIT, DANS LA SOCIÉTÉ FICTIVE JOINTE AU SALARIAT.

Ainsi donc, en sus du salaire fixe, en sus de leur part dans la distribution du soi-disant salaire de direction, les ouvriers partageraient encore avec le patron, dans certains cas, l'intérêt des capitaux. Ce partage s'effectuerait de la même manière que celui du soi-disant salaire de direction, c'est-à-dire par portions égales entre tous les ouvriers, le patron y compris. De plus, il aurait lieu tous les ans, au moment de l'inventaire, et la Bourse du Travail compétente à raison du lieu veillerait avec soin à ce que le patron ne renvoie aucun ouvrier sans motif légitime apprécié par elle.

***

Le partage de l'intérêt des capitaux aurait lieu toutes les fois, — et rien que les fois, — que la patron est lui-même propriétaire, et qui plus est, propriétaire incommentable des capitaux par lui engagés dans l'entreprise, au lieu de n'en être que locataire, ou d'en devoir encore le prix ou une partie du prix, ou de les avoir achetés avec de l'argent emprunté à autrui et toujours dû.

Dè la sorte, le patron serait fictivement censé avoir apporté comme mise sociale l'usufruit de ses capitaux. Après tout, ce ne serait qu'une fiction juridique de plus.

Il va sans dire que, comme de raison, du moment que le patron garderait par devers lui la nue-propriété de ses capitaux, la portion de son profit représentant l'amortissement de ses capitaux vis-à-vis de lui-même, lui demeurerait acquise. Libre au patron de mettre dans le fond social ses capitaux pour la pleine propriété. Mais ce serait de sa part un acte purement volontaire, la fiction juridique n'allant pas jusqu'à lui supposer pareille intention. S'il plaisait au patron d'en agir ainsi, l'on se trouverait en présence d'une société formelle et conventionnelle, et non en présence d'une société fictive, c'est-à-dire fondée sur une tacite canvention. Alors, l'entrepreneur devrait en outre partager avec son personnel la portion de son profit, représentant l'amortissement de ses capitaux. — Rien n'empêcherait non plus l'entrepreneur de faire l'apport de ses capitaux quant à la nue-propriété seulement. En pareil cas, il n'aurait pas à partager l'intérêt de ses capiiaux, mais seulement leur amortissement.

En l'absence de toute déclaration de sa part, faite par écrit d'une manière formelle et expresse, sinon authentique, le patron serait fictivement censé, comme je le dis plus haut, avoir apporté ses capitaux quant à l'usufruit, et quant à l'usufruit seulement.

Le partage, soit des intérêts, soit de l'amortissement, soit des uns et de l'autre, s'opérerait toujours, lorsqu'il serait dû, par égale part et portion entre tous les collaborateurs de l'entreprise, le patron y compris.

CONCLUSIONS

En résumé, les ouvriers auraient droit, en vertu du contrat de louage d'ouvrage, à un salaire fixe garanti par un privilège. Le taux minimum de ce salaire serait déterminé par les Bourses du Travail, d'après des recherches, statistiques, pourcentages et autres documents sur l'énergie moyenne d'un prolétaire à ne pas s'écarter du sentier de l'honneur et de la probité.

En second lieu, les ouvriers collaborateurs auraient droit, à titre d'associés, au partage égal avec le patron et tout le personnel, du soi-disant salaire de direction, bien entendu, rien que les années où il y aurait des bénéfices réalisés.

La Bourse du Travail compétente à raison du lieu aurait le droit et le devoir de contrôler l'inventaire annuel, et serait astreinte au secret professionnel.

Troisièmement, en vertu d'un contrat fictif de société greffé sur celui de louage d'ouvrage, les ouvriers partageraient encore, en cas de bénéfices, l'intérêt des capitaux engagés, mais à la condition que l'entrepreneur en serait le propriétaire incommutable, au lieu de les détenir comme locataire, ou de les avoir achetés à crédit, ou avec de l'argent à lui prêté.

Dans tous les cas, la Bourse du Travail compétente

à raison du lieu contrôlerait ces divers règlements de compte, et s'assurerait que le patron ne simule pas une location ou bien une créance vis à vis du vendeur des capitaux ou d'un tiers-prêteur.

Il faudrait que les Bourses du Travail fussent composées, en nombre égal, de patrons, de contre-maîtres, ainsi que d'ouvriers délégués par leurs collègues, tous libres de toute influence étrangère.

***

Devront pareillement être libres de toute influence étrangère, les membres patrons et les membres contre-maîtres des Bourses du Travail. A cet effet, il importe au plus haut point qu'une aussi noble institution, d'utilité publique, relève du Gouvernement, ou tout au moins de l'Administration, soit départementale, soit municipale : en un mot, qu'elle revête un cachet officiel.

Les sociologues qui, à la suite de M. le docteur Gustave Le Bon, reprochent au Socialisme latin de trop compter sur l'initiative de l'Etat, à la différence du Socialisme anglo-saxon, qui s'en rapporte à l'initiative privée, penseront, eux aussi, que l'Etat seul ou l'Administration doit instituer et diriger les Bourses du Travail. Car, nul n'en doute, l'Etat seul doit, même d'après la conception la plus anglo-saxonne du Socialisme, c'est à-dire celle qui limite le plus, les attributions du Gouvernement, — l'Etat seul doit veiller au maintien de la paix publique. Précisément, la paix publique est intéressée au fonctionnement régulier des Bourses du Travail, institution d'utilité publique. — D'autre part, si les Bourses du Travail se trouvaient instituées et alimentées par un financier ou par un syndicat de financiers, si elles émanaient de l'initiative privée, adieu leur indépendance !

Leurs membres, dès lors, cesseraient d'être libres de toute influence étrangère ; ils seraient de la sorte domestiqués. Et c'est ce qu'il ne faut pas, afin que l'impartialité de leurs décisions soit à jamais garantie.

*
* *

Nous arriverions ainsi à une solution possibiliste de la question sociale. Nul doute que le plan proposé ne reçoive pour tout accueil que des railleries, des sarcasmes, des quolibets, et, par dessus le marché, des reproches.

D'un côté, les Collectivistes, se figurant monopoliser le Socialisme, se récrieront qu'une solution susceptible de rendre le patronat aimable, est entachée de perfidie.

Je le répète pour la millième fois : que les Collectivistes réussissent à réaliser leur programme ! qu'ils essayent de concilier la liberté avec l'égalité !! Alors, le système proposé tombera de lui-même. Il n'aura eu que l'utilité d'une mesure transitoire, permettant aux miséreux de ne plus être réduits à attendre les calendes grecques pour voir l'amélioration de leur sort.

D'un autre côté, les patrons ne laisseront pas que d'être irrités de se sentir contrôlés par les Bourses du Travail, composées en égal nombre de tous les représentants du labeur. Ils s'indigneront de ne plus pouvoir se faire à leur aise à la part du lion. « Nous ne sommes plus chez nous, s'exclameront-ils. Etre obligés de nous voir confondus pêle-mêle avec les plus infimes de nos ouvriers, et traités par eux d'associés ! Pouah !! »

Les plus raisonnables des patrons réprimeront d'eux-mêmes ce ridicule sentiment d'indignation, en considérant les garanties d'impartialité qu'offriront les Bourses du Travail ainsi composées.

Quant aux moins raisonnables, aux incorrigibles, ils arriveront peut-être à comprendre qu'il vaut mieux subir le contrôle des Bourses du Travail que d'être submergés par le flot envahissant de la féodalité financière : danger imminent ! La peur parfois donne de la sagesse.

TABLE DES MATIÈRES

Nîmes. — Imp G. GORY, rue Notre-Dame, 6

www.ingramcontent.com/pod-product-compliance
Ingram Content Group UK Ltd.
Pitfield, Milton Keynes, MK11 3LW, UK
UKHW021120220726
13924UKWH00004B/1831